AROUND

Vol.94
2024 April

식탁 위에서 Time To Eat

ISSN 2287-4216
ISBN 979-11-6754-034-8
KRW 18,000

Choi Ganghee, Nakagawa Hideko, Noxa, Park Hyewon,
Yang Suhyun & Yang Jihyun, Lee Yongjae, Huam3house, Dawua, Our planEAT,
Jeong Dajeong, Chejo Studio & SHDW, Uglyus, Jackie Cole

9 791167 540348

03050

요즘은 집 가까운 곳에서도 얼마든지 훌륭한 음식을 찾을 수 있다.
하지만 좋은 음식을 쉽게 접할수록 우리는 맛으로만은 채워지지 않는
무언가를 느낀다. 그저 고픈 배를 때우는 게 아니라 오래 머물고 싶은
곳을 찾아다니기도 하고, 직접 끼니를 차려 먹으며 집에서 보내는
시간도 즐긴다. 시간을 들여 먹을 장소를 찾거나 직접 요리를 한다는
건 삶의 방향성을 고민하는 일과도 같다. 우울증에 걸린 사람에게
산책과 요리를 권한다고 한다. 무얼 먹을지 고민하는 것부터가 잘
살기 위한 시작이라 생각하기 때문이다. 나를 위한 끼니를 준비하는
사람은 스스로를 더 잘 보살필 확률이 높다. 어떤 음식을 좋아하고
싫어하는지 평상시에 즐겨 먹던 메뉴만 고집할지, 새로운 메뉴에
도전 해 볼지. 거기다 완성된 요리를 좋은 그릇에 정성스레 담는 일까지.
이 수고스러운 과정을 정성스레 보살피다 보면 자신과 더 가까워진다.
어린 시절 삶의 나침반이 되어 준 엄마의 집밥이 그러했듯. 누군가 나를
위해 차려준 식탁이 얼마나 큰 사랑이었는지 어른이 되어서야 알게
된다. 잘 먹고 잘 살기 위해 오늘도 열심히 나를 보살피는 사람들의
이야기, 이번 어라운드는 식탁 위에 모인 사랑을 담아 전한다.

김이경—편집장

Contents

Savoring

Nomadic Life

유랑하는 삶을 음미하며

JACKIE COLE

에디터 **차의진**

반가워요. 재키와 이야기 나누게 되어 기뻐요.
안녕하세요. 사진작가 재키 콜이에요. 2016년부터 남편과 집 없이 세계를 여행하면서
크리에이티브 에이전시를 운영하고 있어요. 발길 닿는 곳은 어디든 집으로 삼는 걸
좋아해요(웃음).

고정된 거처 없이 유랑하는 삶이라니 낭만적인걸요.
저는 미국 매사추세츠주 보스턴 북쪽의 작은 해안 마을에서 자랐어요. 여름은 짧은데 겨울은
길고 황량한 곳이었죠. 자연스럽게 이국적인 곳에 가는 걸 꿈꾸면서 시간을 보내곤 했어요.
그러다 처음으로 낡은 차를 타고 고향을 떠나 샌디에이고로 향하면서 미국을 여행했는데,
진정한 자유를 맛보았죠. 그 경험은 여행에 자신감을 불어넣어 줬어요. 남편과 함께하게 된
뒤에는 지금의 삶을 위해서 돈을 최대한 모았는데, 차부터 시작해서 제가 가진 걸 다 팔고
나서야 짐을 쌀 수 있었답니다.

**영화 같은 삶을 위해서는 그만큼의 준비도 필요했던 거군요. 늘 새로운 타지에 적응하는
일도 노력이 필요하겠어요.**
첫 몇 해는 쉽지 않더라고요. 새로운 삶의 방식에 적응하면서 동시에 일도 해야 했으니까요.
하지만 그 시간이 지금의 저를 만들어 줬어요. 남미, 동남아, 유럽을 거치며 8년이 지난
지금은 여행에 노하우가 생겼어요. 몸과 마음에 부담이 되지 않도록 한곳에서 한두 달
머무는 걸 좋아해요. 이렇게 하면 그곳에 대해 완전히 새로운 관점이 열린답니다. 그 지역
사람들의 일상을 배우게 되고, 색다른 요리를 접하게 되죠. 오래 여행할 땐 자기를 충분히
돌보면서 중간중간 환기를 위해 짧은 여행을 하는 것도 좋아요.

매일이 풍성한 경험의 연속일 것 같아요. 지금 있는 곳은 어디예요?
포르투갈 리스본에 있는 아름다운 도시에서 편지를 쓰고 있어요. 여긴 대체로 볕이 좋아요.
어디로 시선을 향하든 형형색색 타일로 된 건물들을 볼 수 있고, 발코니에는 이제 막 빨래한
옷들이 널려 있네요. 오렌지꽃 내음이 진동을 하고요. 이렇게 아름다운 곳이라면 쉽게 매력을
느낄 수밖에요.

재키의 사진엔 요리가 자주 등장해요. 여행지에서 만난 음식은 기록할 수밖에 없게 되잖아요.
맞아요. 음식은 시각적으로나 미식적으로나 영감을 주죠. 현지 시장에 진열된 과일과 야채를
볼 때마다 색과 모양에 마음을 빼앗기곤 하는데요. 상인들이 창의적으로 세심하게 진열해 놓은
음식들은 일종의 예술처럼 느껴질 정도로 인상적이에요. 수십 년 동안 이어 온 카페나 음식점에
가는 것도 좋아해요. 장식이나 공간의 매력을 어떻게 그 오랜 세월 동안 유지했는지 살펴보는 게
흥미롭잖아요. 이야기가 담긴 사진이나 포스터를 살펴보는 것도 큰 즐거움이에요.

음식점 곳곳을 신기하게 살펴보는 모습이 그려져요(웃음). 여행지에서 식사는 어떻게
해결하는지 궁금해요.

한적한 곳에서 사진을 찍고 싶으면 도시 외곽에 있는 집을 구해요. 그런 곳에 머무를 때는
현지 시장에서 장을 봐와서 먹는 걸 선호해요. 집에서 요리해 제철 식재료를 맛보고, 방 안에
들어오는 빛을 살피고…. 이런 장면을 기록하는 일이 좋아요. 좀더 활기찬 곳에 머물게 되면,
그 지역 음식을 먹을 수 있는 곳을 미리 찾아봐요. 문화는 거리 음식에서 많이 배우게 되는 것
같거든요. 아주 작은 의자에 앉거나 서서 먹었는데도 최고였던 식당들이 있었어요.

그런 재미가 이국에서의 시간을 더 특별하게 만드나 봐요.

직접 요리하지 않는 날에는 남편과 외식하러 가기도 해요. 다양한 요리와 레드 와인 한 병을
곁들여서 여유롭게 식사를 즐기는 걸 좋아해요. 대화는 한 주제에서 다른 주제로 자연스럽게
흘러가고, 저녁 식사에 쏟는 시간이 길죠. 특히 유럽에서는 서너 시간이 쏜살같이 빠르게
지나가기도 해요(웃음).

서너 시간이라니! 어디서든 꼭 지키려고 하는 식사 규칙도 있나요?

모닝커피요. 커피 드리퍼와 필터를 챙겨서 여행해요. 주로 하루의 첫 커피는 아침에 집에서,
두 번째 커피는 현지 커피숍에서 마시려고 해요. 저는 원두를 아주 고심해서 고른답니다.
요즘은 닥 커피 로스터스Dak Coffee Roasters의 밀키 케이크Milky Cake를 제일 좋아해요.

그래서 사진에 커피가 종종 보였나 봐요. 지금은 여행지에서의 일상을 기록하고 있는데,
사진은 어떻게 시작한 거예요?

10대 때 폴라로이드 카메라로 친구들과 보낸 시간을 찍은 게 시작이었어요. 나중엔 학교
사진 모임에 들어가서 첫 SLR 카메라로 펜탁스 K1000도 샀죠. 그때는 흑백 필름만 쓰면서
암실에서 오랫동안 이것저것을 실험했어요. 그 모든 과정이 좋아서, 이게 내가 앞으로 계속하고
싶은 일이라는 걸 알게 됐죠. 사진은 제게 자연스럽게 다가왔다고 생각해요. 어릴 때부터
일기든 작은 카메라를 통해서든 삶을 기록하는 걸 좋아했거든요. 삶을 돌아볼 수 있으면서
물성을 가진 존재는 늘 중요했어요.

기록을 향한 애정이 사진에서도 느껴져요. 사진 찍을 때 무얼 중요하게 여기는지도
들어보고 싶어요.

시대를 초월한다고 느껴지는 장소요. 본질과 에너지를 갖고 있어서 영감이 돼요. 흔히
여행이라면 인기 있는 명소나 역사적인 장소에 가잖아요. 그런데 저는 조금 다른 걸 찾고
싶어요. 주변, 작은 것들, 사람에게 시선이 끌리거든요. 한 장소의 본질을 품고 있지만,
사람들이 쉽게 지나칠 수 있기도 하죠. 제가 즐거움을 느끼는 건 작은 것들 안에 있기에,
그런 순간을 포착하고 싶어 하는 건 자연스러운 일이에요.

주변의 가치를 발견하는 어라운드와 재키의 시선이 닮았네요. 다음 목적지는 어딘가요?

스페인의 화산섬 란사로테에서 한 달을 지낼 거예요. 처음 가보는 곳인데다 얼른 자연을
탐험하고 싶어서 못 기다리겠어요(웃음). 화산 근처에서 사는 건 짜릿하게 하는 무언가가
있을 것 같아요. 거주민들에게도 특별한 에너지를 줄 테고요. 그리고 미네랄이 풍부한 토양
덕에 채소, 과일, 와인이 맛있다고 하던데 집에서 요리해 먹고, 책도 읽고, 카메라로 모험을
즐기면서 마음과 몸을 돌볼 계획이에요.

H. instagram.com/iackiecole

Eating Is Due To Love
사랑이 밥 먹여주지

최강희―배우

에디터 이주연(산책방)
포토그래퍼 Hae Ran

한입 가득 음식을 밀어 넣고 냠냠 먹는 것도, 썰지 않은
김밥을 한 손에 쥐고 우걱우걱 씹는 것도, 풍선껌을 한 통
가득 입에 넣고 오물오물 혀를 굴려 풍선 부는 것도, 미처 다
씹지 않은 음식물을 한쪽에 두고 또 다른 음식을 밀어 넣어
함빡 먹는 것도, 최강희에겐 재미이자 사랑에 다름 아니다.

사랑엔 많은 언어가 있지만
상대의 끼니를 챙기는 게 사랑 같다는 생각이 들어요.

재미가 끼니, 끼니가 재미

**강희 씨 집에 초대받은 순간부터 지금까지
설렜어요(웃음). 티브이에서 보던 거랑 똑같은데, 향도
나고 훨씬 따뜻한 느낌이에요. 반려묘 '우리'가 가장 먼저
반겨주네요.**
와, 우리가 되게 좋아하네요. 최근에 취재 때문에
외부 사람이 몇 번 집에 왔는데 우리 반응이
각양각색이더라고요. 며칠 전엔 몇 명 오지도 않았는데
어딘가에 콕 박혀서 얼굴도 안 보여줬고, 티브이 촬영 때는
스태프가 꽤 많았는데도 자연스럽게 돌아다녔거든요. 우리
나름대로 기준이 있는 것 같은데 오늘은 냄새도 맡고 잘
돌아다니네요.

**환대받는 거 같아서 기뻐요. 라디오 〈최강희의 영화음악〉
들으면서 왔는데 그래서인지 내내 같이 있는 기분이에요.
매일 새벽 5시 15분에 일어난다고 하셨지요. 11시엔
라디오 하러 가실 테고 오늘처럼 인터뷰하는 날도 있을 것
같아요. 하루가 어떻게 돌아가고 있어요?**
최근 한 달은 그간 해오던 거랑은 완전히 다르게 살았어요.
얼마 전 예능 프로그램 〈전지적 참견 시점〉에 출연하고
부쩍 관심을 받고 있는데요. 대중은 저를 좋게 봐주는
것 같지만 주변 사람들한테는 걱정을 많이 샀어요. 제
모습이 좀 불안정해 보였는지 검사받아 보자는 권유도
있었고, 병원 소개해 주는 지인도 있었거든요. 푹 쉬고 좀
자라는 이야기를 워낙 많이 들어서 요즘은 5시 15분 기상
알람도 끄고, 운동도, 예배도 쉬고, 한 달 동안 아무것도
안 하는 생활을 해봤어요. 근데 똑같더라고요(웃음).
새벽형 인간이라 5시쯤 되면 저절로 몸이 깨요. 푹 자든
그렇지 않든 낮잠 자고 조는 것도 똑같고요. 원래 루틴은
5시 15분에 일어나서 새벽 예배를 갔다 운동하러 가는
거였어요. 그사이 졸리면 30분 정도 자기도 하고요.
저는 '호랑이 트레이너'로 알려진 양치승 관장님
헬스장에 다니는데요. 운동 끝나면 관장님이 맛있는 걸

해주시거든요. 그거 먹고 부랴부랴 급히 라디오 하러 가는
게 일상이었지요. 라디오 끝나면 영어 공부를 하기도 하고,
친구를 만나기도 해요. 제일 좋아하는 일과는 라디오 끝난
낮에 한가하게 극장 가서 영화 보는 거예요. 라디오 하는
CBS 건물 바로 옆에 메가박스가 있거든요. 일주일에 이틀
정도는 교회 사람들 챙기면서 시간을 보내요. 아, 요즘엔
금요일마다 유튜브 촬영도 하고요.

**유튜브 채널 〈나도최강희〉! 저도 챙겨 보고 있어요.
여러 직업을 체험하고 주변 사람들 만나서 이야기 나누는
콘텐츠가 참 좋더라고요. 동네 사람들 다루는 편에서
"우리 동네 대흥동!" 하고 소리치는 거 보면서 '이렇게
동네를 공개해도 되나.' 걱정하기도 했어요. 한편
그 모습이 강희 씨 같아서 반갑기도 했고요.**
우리 아래층 카페에서 우연히 만나 같이 올라왔잖아요.
보셨죠? 새하얀 옷을 위아래로 차려입고 카페에 들어가도
아무도 말 걸지 않고, 아무 일도 안 생기는 거(웃음).

**그러고 보니 저만 깜짝 놀란 것 같기도 해요(웃음). 물병
두 개에 음료를 한가득 포장하셨죠.**
오늘은 특별히 손님이 오시니까 오전에 미리 물병을 맡겨
두었어요. 물병에 담아서 포장하면 쓰레기도 안 나오고
따라 마시기도 좋을 것 같아서요. 어떤 걸 좋아하실지
몰라서 커피랑 차 두 종류로 준비했어요. 하나는 아이스
아메리카노, 하나는 요즘 제가 즐겨 마시는 아이스
자몽허니블랙티예요.

**물병 받자마자 흰 바지에 아메리카노 '철철철' 다
흘리셨잖아요. 엘리베이터에서는 릴레이처럼 찻물을 쏟고.
집에 올라오자마자 바지 빨래 대잔치였죠(웃음).**
오늘 차림에 맞춰 머리도 길게 풀고 온 건데, 집에
오자마자 옷 갈아입는 바람에 스타일링한 보람이

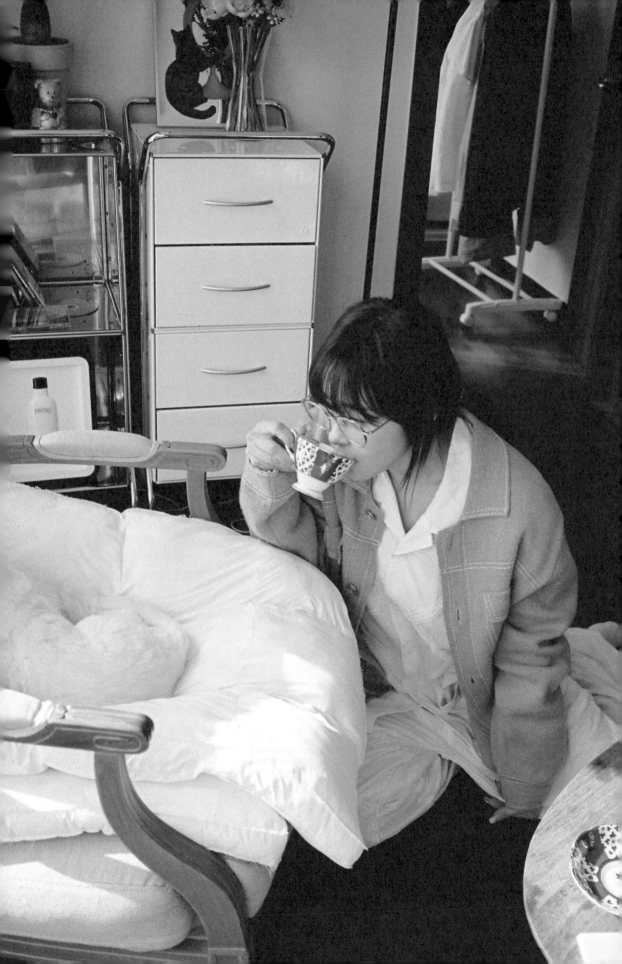

없어졌어요. 이따 사진 찍을 때 뭐가 더 잘 어울리는지
봐주셔야 해요(웃음).

　　**물론입니다(웃음). 〈나도최강희〉 '동네 두 바퀴' 편
보면서 지금 사는 동네를 참 좋아한다는 인상을 받았어요.
좋아하는 동네 김밥집 사장님을 인터뷰하기도 했죠. 그때
가게에 오가는 손님들이랑 자연스럽게 이야기 섞는 모습이
인상 깊었어요.**
원래 동네를 좀 누비고 다니는 스타일인데, 혼자 사는 게
처음이라 이 동네에 더 애정을 품게 돼요. 특히 김밥집
촬영 땐 '김밥'이란 공통 주제가 있으니까 더 할 말이
많았고 편하기도 했어요.

　　그 콘텐츠 재미있게 봤는데, 김밥을 안 썰어 드신다고요?
통째로 들고 우걱우걱 씹어 먹는 게 좋아요(웃음). 다들
어릴 때 그렇게 먹지 않았나요? 엄마가 집에서 김밥
싸주시면 고소한 냄새를 참을 수가 없어서 썰기도 전에
통째로 들고 먹곤 하잖아요. 저는 시골 애처럼 뭐든
원초적이고 자연적인 게 좋아요. 나무가 있으면 올라가
보고 싶고, 돌담이 보이면 기어오르고 싶고 그래요. 실제로
어릴 때는 그렇게 지내기도 했고요. 한창 술 마실 땐 기분
좋아지면 길바닥에 앉아서 맥주랑 과자를 먹기도 했어요.
프링글스랑 맥주, 잘 어울리잖아요(웃음). 저는 제가 영화

같은 이미지 속에 있기를 바라요. 그런 상황 속에 놓인
제 모습이 좋아서요.

　　〈전지적 참견 시점〉에서 운동 끝나고 양치승 관장님이
해준 떡볶이 먹는 모습도 인상적이었어요. 통째로 조리된
어묵을 그대로 씹어 드시고, 기다란 떡볶이도 입안 가득
담고, 물도 벌컥벌컥 드시더라고요. "나는 내가 복스럽게
먹는 게 좋아."라고 이야기하기도 했죠.
저도 예쁘게 먹을 수만 있다면 예쁘게 먹고 싶어요. 근데
예쁘게 먹는 건 저한테 어울리지 않더라고요. 또, 저는
다른 사람을 기쁘게 해주는 게 좋아요. 〈센과 치히로의
행방불명〉(2001) 같은 애니메이션에서 애들이 우걱우걱
먹는 장면 자주 나오잖아요. 그런 모습 보면 힐링되지
않나요? 제가 그런 모습으로 누군가 차려준 음식을
먹는다면 음식을 만든 사람도 좋아할 거란 걸 아니까 더
복스럽게 먹고 싶어져요. 제가 이 사람이 해준 떡볶이를
입안 가득 넣고, 어묵을 더 먹고 싶어서 입안 가득한 데다
또 넣는 모습을 보면 얼마나 기분이 좋을까 싶은 거죠.
서로 한 번 더 웃게 되기도 하고요.

　　강희 씨가 만든 음식도 우걱우걱 먹어요?
저… 요리 못해요(웃음). 자취하면서 이제 요리 좀 해보자,
해서 밥통을 샀는데요. 저건 그냥 밥통일 뿐이에요.

그럼 평소에 식사 어떻게 하세요?

저는 먹는 것에 예민하지도, 까다롭지도 않아요. 누가 주는 거면 다 먹어요. 챙겨주는 언니들이 많아서 받아오는 음식도 잘 먹고, 냉장고에 유통기한 임박한 거 있으면 그것부터 꺼내 먹고. 있는 걸 다 잘 먹으니까 냉장고가 거의 비어 있는 편이에요. 근데 또 누가 챙겨주지 않고, 냉장고에도 먹을 게 없으면 안 먹기도 해요. 음식은 누가 챙겨주면 먹고, 아니면 마는 거!

세 끼를 제때 챙겨 먹는 스타일은 아니군요.

저한테 '끼니'라는 개념은 없는 것 같아요. 오히려 밥은 재미가 있느냐 없느냐의 문제예요. 재미가 있겠다, 싶으면 먹거든요. 이를테면 '지금 오다리랑 갈배 사이다 먹으면 재미있겠다.' 싶은 생각이 들면 나가서 사 먹어요. '편의점에서 삼각김밥에 컵라면 먹으면 재미있겠다.' 같은 생각도 종종 하고요. 편의점 옥수수만 전자레인지에 데워 먹어도 맛있고 재미있잖아요. 이렇게 음식에서 오는 재미도 있는데요, 사실 저한텐 같이 먹는 사람의 재미가 가장 커요. '지금 누구랑 뭘 먹으면 맛있겠다.'라는 생각이 들면 그 친구한테 연락해요. 보통은 재미를 따라 식사를 챙기는 편이죠.

음식을 맛으로 즐기지 않아요?

네. 맛보다는 재미! 그래서 풍선껌 좋아해요. 집에 항상 있는 것 중 하나가 풍선껌이에요. 한 번 먹기 시작하면 무조건 통째로 먹죠. 하나씩 하나씩 까서 한 통을 다 먹고, 신나게 풍선 불고, 딱딱해지면 뱉고, 또 먹고 싶어지면 한 통 다 씹고, 한참 불다가 딱딱해지면 뱉고. 아, 저 자다가도 많이 먹는 편이에요.

자다가요?

네(웃음). 그래서 양치를 언제 해야 할지 잘 모르겠어요. 유전인 것 같기도 해요. 아버지가 저 어릴 때 항상 머리맡에 미제 과자들을 두셨어요. 지금이야 쉽게 살 수 있지만 그때도 해도 오레오가 귀했거든요. 머리맡에 잔뜩 두고 주무셨는데, 자다 말고 일어나서 드세요. 드시다 말고 영화를 보기도 하고, 바로 주무시기도 하고요.

최근에는 자다 말고 일어나서 뭐 드셨어요?

귤이요. 귤 진짜 많이 까먹어요. 그걸 먹으려고 일어나는 건 아닌데요, 눈뜨면 눈뜬 김에 뭔가 먹어야지 싶어져요. 먹다 뭔가 보고 싶으면 볼 걸 틀어놓고 보다 잠들기도 하고, 먹자마자 그냥 자기도 하고요.

자다 일어난 김에 목 축이는 거랑 비슷한 것 같기도 하고요.

그런가 봐요. 저는 물보다 귤 먹는 걸 좋아해요. 수분 섭취도 과일로 하는 편이에요. 물은 마셔야 피부가 좋아진다고 하니까 챙겨 마시기는 하는데요, 재미는 없어요.

이번 호 주제어가 '식탁 위에서'예요. 가장 이야기하기 쉬운 '맛집'부터 얘기해 볼까요? 〈나도최강희〉에서 소개해주신 '롤앤롤김밥'도 궁금해요.

이따 같이 가요. 제가 김밥 사드릴게요. 음… 그럼 맛집 추천 한번 해볼게요! 《AROUND》 독자들이 좋아할 것 같은 곳인데요. 술 좋아하시면 자양동에 있는 '신춘'! 사장님이 알려지는 걸 싫어하셔서 포털사이트에서 정보를 다 지웠어요. 지도 앱에서 리뷰도 못 보게 해놨고, 검색하면 분식집으로 분류될 텐데 술집이에요. 영화 〈후아유〉(2002)에서 조승우 씨가 부른 노래 만든 분이 사장님이세요. 〈고고70〉(2008) 음악감독도 하셨고요. 저녁 5시에 문을 여는데 재료를 딱 적당량만 사 와서 다 떨어지면 영업을 끝내요. 떡볶이도 맛있고, 튀김도 일품이에요. 술은 일본에서 맛보고 사장님 마음에 든 술이 있으면 가지고 와서 판매하고, 언더록 주류도 많아요. 아, 아이스크림에 시나몬 가루 얹어 주시는 게 진짜 맛있는데, 옛날엔 메뉴에 있었는데 지금은 사라졌거든요. 해달라고 하시면 해주실 거예요. 알려지는 거 싫어하시는데 막 추천하고 있네(웃음).

개인적으로 떡볶이랑 튀김은 최고의 안주라고 생각해요(웃음). 밥 먹기 좋은 식당도 추천해 주실래요?

광진구에 '날일달월'이라고 우리나라에 하나밖에 없는 생식 식당이 있어요. 생채소를 썰어서 내놓으시는데요. 쌈이랑 같이 나와요. 쌈에 채소를 싸 먹는 거죠. 근데 채소가 너무 맛있어서 아무 조리 없이 쌈만 싸 먹어도 맛있어요. 사장님이 항상 단정하고 정갈한 차림으로 웃고 계시는데, 음식이 나오면 "진지 드세요." 하시거든요. 그 말이 정말 듣기 좋아요. 소품도 전부 자연 친화적이에요. 재생지를 잘라서 올려놓고, 빵도 돌로 구워서 빵집에서 사 먹는 거랑은 느낌이 완전히 달라요. 암 환자와 식사할 일이 있어서 처음 가게 됐는데 제 몸과 마음도 건강해지는 것 같아서 기분이 좋았어요. 음료도 정말 맛있는데… 아, 콩물! 콩물 꼭 드셔 보세요.

사람이 너무 좋은 사람

최근 3년 동안은 작품 활동 없이 지내셨지요. 앞으로도 어떻게 될지 몰라서 소속사에 들어갈 생각은 아직 없다고도 하셨는데요. 지금은 외부에서 정의 내릴 수 없는 고유의 최강희로 살고 있는 것 같아요. 누군가 "뭐 하는 사람이에요?" 하고 묻는다면 어떻게 소개하고 싶어요?
오히려 지금은 배우라고 소개할 것 같아요.

어? 의외네요.
연기를 하고 있어야만 배우라고 생각하지 않아요. 배우 할 때보다 오히려 지금 더 평소에 연기에 관해서 많이 생각하고 있거든요. 특히 〈나도최강희〉는 다른 삶이 궁금해서 이것저것 직업 체험도 하고, 질문도 하는 콘텐츠로 이루어지다 보니까 여기저기서 많은 사람을 만나게 되는데요. 그때마다 눈에 꾹꾹 눌러 담는 장면이 있어요. 저도 모르게 생긴 직업병 같아요. 이를테면, 누군가의 몸짓을 보면서 '저런 표정으로 저 손짓을, 저런 각도로 하면 저런 느낌이 나는구나.' 하고, '문을 저런 세기로 두드리면 진짜 마음 다해 사람을 찾는 것 같구나.' 하면서 장면 장면을 담아두게 돼요. 그래서 오히려 제가 진짜 배우라고 생각할 때가 많아졌어요. 사실 연기 활동할 땐 청개구리처럼 나는 배우 같지 않다고 생각했거든요. 그런데 연기에서 조금 떨어져 보니까 제가 아티스트라는 걸 실감하게 돼요. 여러 사람과 섞여 살면서 오히려 정확하게 구분되는 것 같아요.

새삼스레 고백하건대, 강희 씨 정말 좋아해요(웃음). 강희 씨 처음 본 게 〈여고괴담〉(1997)이거든요. 볼 수 있는 나이가 안 돼서 부모님 통해 비디오로 빌려 보고, 그때 강희 씨 존재를 처음 알게 됐어요. 강희 씨 데뷔가 1995년도죠. 거의 30년간 이 직업을 갖고 있는 건데, 감회가 어때요?
아니, 그 무서운 게 왜 보고 싶었어요(웃음)? 30년이나 이 일을 했다고 생각하면 좀… 멋있어요. 제가 연기 활동을 하는 동안 많은 사람이 연기에 빠졌다가 금세 사라지고, 다른 선택을 하기도 했어요. 예전에 〈무릎팍도사〉에서도 이야기한 적 있는데, 저는 가만히 있었을 뿐인데 어느새 제가 높은 자리에 있다는 생각이 들었어요. 제가 잘나서, 잘해서가 아니라 같이 출발한 사람들이 다 사라져 버려서 저만 남게 된 건데요. 문득 제가 뭔가를 꾸준히 할 수 있는 사람이란 걸 깨닫고 저한테 반했어요(웃음). 거의

30년 동안 한 가지 일만 한 거니까… 이 정도면 멋있는 사람이잖아요.

그럼요. 〈나도최강희〉 '환경미화원이 되고 싶어요' 편에서 소각장에 가서는 추억 박스를 하나 태우셨지요. 그러면서 "인생 제2막 시작!"이라고 하셨어요. 최강희의 인생 1막과 2막에 관해서도 들어보고 싶어요.
유튜브를 굉장히 해보고 싶었는데, 연기 관두고 몇 년 만에 하게 됐어요. 단순하게 그 의미에서 새로운 막이 열렸다는 의미이기도 하고요. 그때 소각한 게 추억이 담긴 박스거든요. 옛 연인과 주고받은 편지라든지, 함께 본 영화표, 기념이 될 만한 것들 같은 걸 모아둔 거예요. 근데 그 존재를 느낄 때마다 찝찝하더라고요. 항상 마음에 두고 있는 건 아닌데 어쩌다 눈에 띄면 찝찝한 느낌? 미련이 남아서 가지고 있는 건 아닌데 계기가 없어서 못 버리는 상자였어요. 근데 마침 환경미화원 콘텐츠 찍는 날, PD가 "선배님 오늘 소각장도 가요." 그러더라고요. 그때 '오늘이다!' 싶었어요. 제가 자유로워지는 날이란 생각이 든 거죠. 살면서 점점 과거에 집착하고 싶지 않아져요. 옛날에는 떠나는 사람, 멀어지는 사람 한 명 한 명이 너무 아쉬웠거든요. 근데 지금은 자연스러운 일이란 걸 알아요. 시절 인연이라는 게 있다는 걸 깨달은 거죠. 그래서 친한 친구가 연인이 되기도 하고, 친하지 않던 사람과 가까워지기도 하는 것 같아요. 인연에서 자유로워졌다는 걸 알게 되면서 제가 또 한 번 성장했다는 걸 느꼈어요. 나이가 무색하게요.

방금 이야기하시면서 "연기를 관뒀다"고 하셨는데요. 연기를… 그만두셨어요?
사실 관뒀었죠. 언니들이 "야 이것아! 어디 가서 그런 소리 하고 다니지 마! 너만 알고 있어!" 그러거든요(웃음). 그래서 쉽게 말하고 다니지 못했는데, 가족과 상의하고 매니저랑 논의한 뒤 계약을 종료했어요. 모든 대본을 일절 검토하지 않겠다고 회사에 전달해 둔 상황이었죠. 관둔 거 맞았어요.

과거형이네요. 그럼 지금은요?
지금은 연기 활동을 하는 건 아니지만… 한 차례 리프레시된 상태예요. 그간은 시야가 좁아서 지금의 나를 잘 못 봤어요. 사실 잘 맞는 다른 직업이 있으면 하고 싶다는 생각이 컸어요. 방송 작가 학원도 다녀보고,

편집도 배워봤는데요. 하고 보니까 제 성격에
잘 어울리는 건 무언가를 표현하는 일이더라고요.
그 표현 방식은 절대 언어나 글은 아니에요. 저는 저
자체로, 제 몸과 목소리와 표정으로 표현하는 게 제일 잘
맞는 사람이에요.

**쉬는 기간 동안 고깃집에서 아르바이트했다고 들었어요.
이번 호가 먹는 것과 관련있다 보니 궁금해지는데, 먹기
위해 찾는 고깃집과 일하는 곳으로서의 고깃집은 느낌이
다를 것 같아요.**
고깃집에선 설거지 아르바이트를 했어요. 설거지는
사람들이 먹고 난 걸 뒤처리하는 일이잖아요. 먹는
목적으로도 고깃집을 그렇게 좋아하는 편은 아니지만
일할 땐 더욱더 아름답지 않다고 생각했어요. 더러워진
식기들을 보면서 연료 찌꺼기가 남은 느낌이 들더라고요.
그때 음식이 연료 같다는 생각을 많이 했어요. 경유가
자동차를 움직이는 것처럼, 사람을 움직이는 재료
같아요. 쓰이고 나면 이렇게 찌꺼기가 되고.

**그런 말이 있잖아요, "무엇을 먹는지가 그 사람을
결정한다." 강희 씨는 어떤 음식이 나를 결정하고 있다고
생각해요?**

어…, 그럼 저는 '아무거나'가 저를 이루는
사람인데요(웃음). 매일 먹고 싶은 음식도 잘 없고, 특별히
좋아하는 메뉴도 없어요. 열이면 열, 남이 좋아하는 걸
먹고 싶어요. 함께 먹는 사람이 선호하는 음식이요.

그럼 특별히 싫어하는 음식도 없어요?
없어요. 정말 이상한 것도 먹을 수 있어요. 제가 절대로
먹지 않는 게 있다 해도, 같이 먹는 사람이 "한 입 먹어
봐." 하면 먹을 수 있어요. 넷플릭스에서 문어와 우정을
쌓는 〈나의 문어 선생님〉 보면서 문어는 절대 못 먹겠다
생각했는데요. 만약 그때 누가 문어를 썰어서 저한테
"먹어 봐." 한다면 먹었을 거예요. 제가 먹는 음식은
누구와 함께 먹느냐가 가장 중요해요. 음, 그래도 절대
못 먹는 음식은 있네요. 보신탕. 아, 그리고 개불도 먹어
본 적 없어요. 하지만 누군가 젓가락으로 집어서 입에
넣어주면… 먹긴 먹을 것 같아요.

**개불…. 저도 안 먹어 봤어요. 맛있다고는 하는데 생긴
게 불어 터진 지렁이 같아서….**
그렇죠? 저만 그런 게 아니죠? 어디가 얼굴인지도
모르겠고…. 어디에서 어떻게 살아온 애인지 정체도 잘
모르겠고…. 외계 생명체 같기도 하고….

흔히 삶을 구성하는 요소가 의식주라고 하잖아요. 강희 씨 삶에서 식이 차지하는 비중은 어느 정도예요?

단순히 '먹는 거'로만 생각하면 그 비중은 거의 없어요. 근데 먹는 일을 관계이자 사랑으로 생각하면 달라져요. 저한테 음식은 사랑이거든요. 제가 음식에 관심이 없다는 걸 느낄 때가 더러 있는데요. 특히 함께할 사람이 없을 땐 정말로 음식에 관심이 없어요. 어떨 땐 껌만 몇 통씩 씹고 있을 때도 있고, 유통기한 임박한 거 아무거나 꺼내 먹을 때도 많죠. 그래도 요즘 조금 달라진 점이 있다면 요리는 할 줄 모르지만 예쁜 그릇에 소담스럽게 음식을 담아서 먹고 싶다는 생각이 들어요. 나이가 들어간다는 게 이런 건가 싶기도 해요. 사람들이 예쁜 식기나 아름다운 식탁에 관심 두는 걸 보면서 이해를 못 했는데, 그런 게 이해되는 요즘 제 모습이 좋아요.

최근에 예쁜 식기를 들이기도 해요?

아직 거기까진 못 갔어요(웃음). 저 의외로 옷도 전혀 안 사고, 물욕이 거의 없어요. 자기한테 지원할 줄 모르는 편이에요.

아, 강희 씨가 집에 오는 사람들한테 뭔가를 그렇게 주신다면서요. 자기 물건을 바리바리.

맞아요. 다 주고 싶어요. 물건뿐만 아니라 필요하다면 장기든 뭐든 다 주고 싶어요. 누가 커튼이 없다고 하면 저희 집 커튼 떼서 주고 싶고, 귀여운 소품 생기면 그런 거 좋아하는 사람한테 갖다주고 싶고. 근데 주변에서 다들 말려요. "강희야, 하지 마. 진짜 하지 마." 그래서 참는 거예요. 저는 욕심이 정말 없거든요. 얼마 전에 간단한 욕구 테스트를 했는데 수치가 정말 낮더라고요. 이렇게 욕구가 없기도 쉽지 않대요(웃음). 요즘 사람들은 자기 욕구를 잘 모른대요. 기분이 나쁘면 나쁜 걸로 끝이지, 어떤 욕구가 인정이 안 돼서, 어떤 욕구가 넘쳐서 그런 건지 인지를 못 한다고 해요. 근데 저, 생존 욕구가 진짜 낮더라고요. 어떻게 보면 의식주가 생존에 관한 거잖아요.

그중 가장 높은 욕구는 뭐였어요?

사랑 욕구요. 사랑하고, 사랑받는 거. 그나마 그건 정상 범주더라고요. 저는 남한테 관심이 참 많아요. 옛날에 싸이월드 미니홈피 할 시절엔 온갖 사람 사생활 다 알고 지냈어요. 팬들 사생활까지도요(웃음).

〈나도최강희〉 보면서 더불어 살아가는 사람들의 삶을 궁금해한단 인상을 받았어요. 인터뷰 콘텐츠인가 싶을 정도로 질문을 엄청 많이 하시더라고요. 라디오 들어봐도 한 번 읽은 사연은 곧잘 기억하시고요.

저는 싫어하는 사람이 없어요. 웬만해선 사람이 다 좋아요. 어떤 사람을 묵상하다 보면 매력이 무궁무진해서 마음만 먹으면 삽시간에 빠질 수 있을 정도로요. 그래서 아무리 까칠하다는 배우들하고도 사이가 좋아요. 제가 좋아하니까, 상대방도 저를 좋게 봐주는 것 같아요. 양치승 관장님도 다들 호랑이 트레이너라고 하지만 저한테는 아버지 같은 분이에요. 아파서 운동을 못 갈 거 같아도 굳이 헬스장까지 가서 "저 오늘 너무 아파요. 운동 못 할 거 같아요." 그러거든요. 그럼 관장님은 왜 왔냐고 묻는데, 얼굴 보고 인사는 해야죠(웃음). 그게 사람에 대한 제 관심이고 애정이에요.

생존 욕구로서의 먹는 행위보단 사람과 같이 먹는 밥으로 먹고 사는 사람이네요.

그런 것 같아요. 사람을 향한 호기심이기도 하고요.

먹는다는 건 건강이랑도 직결되는 요소인데, 건강 면에선 어때요?

건강은 좀 무심한 편이고, 유전자가 그렇게 좋지만도 않은 것 같은데 다행히 타고난 것 같아요. 불면증은 단 한 번도 겪어본 적이 없고… 일단 스트레스 지수가 낮아요. 실연을 당했을 때 스트레스 지수를 잴 일이 있었는데, 없더라고요(웃음). '아, 너무 보고 싶다.' 거기서 끝이에요.

엄청난 장점 같아요.

근데 반대로 좋아하는 사람이랑 처음 밥 먹을 땐 무조건 체해요. 저는 이 사람이 좋은데 상대방이 저를 불편해할까 봐 걱정돼서요. 제가 너무 진지한 사람이라, '노잼'이어서 저 사람이 곧 이 자리를 뜰 것 같다고 생각하면 두통이 와요. 속이 메슥거리면서 먹은 게 얹히죠. 근데 체할 걸 알면서도 굳이 그 자리에 가요. 좋아하는 사람이랑 밥 먹는 게 너무 좋아서요. 좋아하는 걸 숨기지도 않아요. 주변에서 "넌 자존심도 없는 것 같아."라는 말을 해도 타격이 하나도 없을 정도로 자존심이 없어요. 계산도 없고요. 한번은 코미디언 김기리 씨가 저한테 이런 말을 했어요. "처음 만났을 땐 누나가 어떤 사람인지 잘 몰랐는데, 드라마 끝나고 보니까 누나는 대배우랑 보조 출연자한테 똑같이 긴장하는 사람이더라." 그 말이 되게 좋았어요. 그냥, 다 좋아요. 사람이라면.

정직한, 어떤 책임

얼마 전에 방송에서 "작품 활동할 때는 관리하는데 작품이 끝나면 관리를 안 해서 살이 찐다."는 이야기를 하셨지요. 외모지상주의에서 벗어나잔 이야기는 계속 있어왔지만, 화면에 얼굴이 나오는 이상 외모에서 완전히 관심을 떼기는 어려울 것 같아요.

배우들이 대부분 그럴 텐데, 작품 할 땐 정말 힘들어요. 신인이든 중견이든, 20대든 50대든 똑같이 그래요. 다들 먹을 거 못 먹고, 안 먹고 관리해요. 그렇게 안 먹으면서 운동만 엄청나게 하다가 작품 끝나면 마구 먹고 운동도 안 하거든요. 그럼 몸이 많이 상해요. 저도 그렇게 살았어요. 그러다가 작품 활동을 안 하면서 식단을 관두니까 너무 좋더라고요. 운동이 좋아서 하고, 먹고 싶은 건 먹고 싶을 때 먹고…. 그게 행복이라는 걸 알았어요. 오히려 그렇게 하니까 근육도 더 잘 생기더라고요. 양치승 관장님은 운동이 끝나면 요리를 곧잘 해주시는데 꼭 탄수화물을 먹여요. 운동하는 사람들은 보통 단백질에 집중해서 식사하곤 하는데요. 관장님은 영양소가 한쪽으로 몰리는 게 오히려 더 안 좋다면서 영양소를 골고루 담아 차려주시더라고요. 그러면서 저도 더 이상 탄수화물을 안 미워하게 됐어요.

탄수화물이 미웠어요?

네. 작품 할 땐 영양소 따질 겨를도 없어요. 무조건 살 안 찌는 것만 먹었으니까 탄수화물은 적이었죠. 근데, 많은 배우가 소식보단 안 먹는 쪽을 택해요. 조금 먹는 것보다 아예 안 먹으면 살이 더 빠질 것 같으니까요.

식욕이 없는 편인데도 활동할 땐 식단이 힘들었군요.

식욕이 없는데도 억지로 절제해 놓으니까 이상한 식욕이 생기더라고요. 식탐이 생겨요. 맛있어서 먹는 게 아니라 그냥 먹는 거예요. 막 먹어요. 자포자기한 것처럼요. 그런 삶을 살아왔다 보니 먹고 싶을 때 먹는 게 이렇게 좋은 거라는 걸 이제야 깨닫고 있어요. 먹기 싫을 때가 있다는 걸 느끼는 것도 좋고요.

먹는 기쁨도, 운동하는 기쁨도 알게 된 거네요. 강희 씨 등 근육 진짜 멋있어요.

나이가 들면 몸이 처지잖아요, 원래 모양대로 유지가 안 되는데요. 운동으로 모양을 만들고, 그 모양을 유지해 나간다는 게 솔직히 좋아요. 건강에도 좋지만 옷값을 아끼는 데도 도움이 돼요. 연기 그만두고 살찌면서 느낀 것 중 하나가 어떤 옷도 안 어울리게 됐다는 거예요. 핏이 안 나오더라고요. 근데 운동을 시작하고 나니까 온갖 옷이 다 어울리는 거예요. 몸이 단단해지니까 태가 잡히고… 옷값을 줄이는 가장 좋은 방법이 운동이란 걸 알았어요.

단백질만 먹는 게 아니라 골고루 챙겨 드신다고 했는데, 운동하고 나서 어떤 음식 특히 자주 드세요?

단백질을 채워주지 않으면 운동이 노동이 되기 때문에 단백질 섭취는 필수인데요. 프로틴으로 먹으면 재미가 없으니까 제가 잘 안 챙겨 먹거든요. 그래서 관장님이 요리해 주실 때마다 단백질을 엄청 챙겨 주세요. 냉면 한 그릇을 만들어도 달걀 세 알 올려주시고(웃음). 떡볶이 해주실 때도 마찬가지고요. 관장님 떡볶이가 진짜 맛있거든요. 제발 딴 거 하지 말고 떡볶이 사업하라고 항상 얘기해요. 제가 1종 면허라도 딸 테니 대형 푸드트럭이라도 하자고(웃음). 꼭 사업이 아니더라도 이벤트로라도 하고 싶어요. 사람들한테 이 떡볶이를 꼭 먹여주고 싶거든요.

강희 씨 눈이 반짝거려요(웃음). 혹시 관장님 떡볶이가 소울 푸드예요?

어? 맞아요. 정말 그래요. 질문지를 미리 읽어보면서 소울 푸드 묻는 질문에 떠오르는 게 없었거든요. 저를 위로해 주는 음식…은 없어요. 그런데 지금 보니까 그러네요, 관장님의 떡볶이가 제 소울 푸드예요. 관장님을 만나기 전의 저는 젤리를 달고 사는 사람이었어요. 제가 기분이 다운돼 보이면 사람들이 젤리를 쥐여줄 정도였기 때문에 처음엔 소울 푸드로 젤리를 생각했어요. 근데 그건 위로를 준다기보단 약 같은 거였어요. 제가 하도 젤리를 먹으니까 한번은 매니저가 차에서 젤리를 다 치워버린 적이 있어요. 어느 날 밥 먹으러 가자는데 관리해야 하니까 안 먹겠다고 했거든요. 그랬더니 매니저가 그럼 젤리도 먹지 말라면서 다 가지고 내려버렸어요. 저를 워낙 위해주던 매니저여서 턱 아픈데도 젤리 씹고 있거나 젤리로 배 채우는 게 걱정돼서 그랬던 거였죠. 젤리로 끼니 때우느니 밥 한 끼 잘 먹는 게

계속 서강김밥 드셔 보라고 했잖아요, 그런 게 저한테는 재미예요. 김밥의 맛도 재미지만, 같이 먹는 사람에게 매운 김밥을 추천하고 반응을 보면서 함께 먹는 재미.

〈나도최강희〉에서 좋은 가게는 딱 문 열고 "안녕하세요!" 할 때 느낌이 오지 않느냐고 이야기하셨지요. 그 '느낌'이라는 게 어떤 거예요?
말로 꼭 설명하지 않아도 누구나 느끼는 기운일 거예요. 기본적인 예의, 자신을 낮추면서 손님을 환대하는 태도. 꼭 인사를 소리 내서 하지 않더라도 얼굴과 공기에서 풍기는 성실함과 책임감이 있잖아요. 문을 열면 그런 게 확 느껴지고, 가게를 둘러보면 사장님이 이 가게에 얼마큼 애정을 가지고 있는지가 보여요. 예쁘게 꾸며놓은 카페인데 구석구석 먼지가 많다거나 일회용 컵을 아무렇지 않게 쓰면

낫다고 하는데, 제가 안 먹겠다고 고집을 부렸어요. 그때 젤리를 다 치워버린 건데, 아직도 젤리 생각하면 그때가 자꾸 떠올라요. 음… 혹시 출출하지 않아요? 우리 잠깐 롤앤롤김밥 갔다 올래요? 매운 거 좋아해요? 서강김밥이 대표 메뉴인데 매운 잡채로 채워진 김밥이거든요. 먹어 보실래요?

(김밥집에서 김밥을 한 줄씩 먹고 돌아온다.) 저는 오리지널을 좋아해서 퓨전 김밥을 먹어 본 적은 없는데 선입견이 완전히 깨졌어요. 메뉴에 없던 호두크림바질김밥도 만들어 주셨잖아요, 진짜 맛있었어요. 저의 최고 메뉴는 유부김밥. 생각나서 또 올 것 같아요.
맛있죠! 회전초밥 집처럼 접시 쌓아가면서 먹는 거 너무 재미있었어요(웃음). 매운 거 못 드신다는데 제가

좋은 가게란 느낌은 잘 안 들죠. 예쁜 쿠키가 쌓여 있어도 사 온 쿠키라는 게 눈에 보이면 요리와 커피에 관심 없는 사람이 하는 카페라는 걸 알게 되고요. 롤앤롤김밥은 항상 같은 시각에 문을 열고, 항상 같은 분위기로 손님을 맞아요. 언제나 그 자리에 있는 가게예요. 그런 걸 보면서 요즘엔 성실한 사람들이 대단하게 느껴져요.

저, 2009년에 나온 강희 씨 책 가지고 왔어요. 《사소한 아이의 소소한 행복》. 여기 '나에게 반짝이는 것들'이라는 글이 있는데 먹을 게 눈에 많이 띄더라고요. 라임 주스, 여름에 동아냉면, 칠리 덕 세트, 던킨의 플레인 베이글. 와, 2009년 판이네요. 오랜만이다(웃음). 던킨의 플레인 베이글은 사실 그냥 베이글인데요. 그걸 먹으면 외국에 촬영 나가서 먹던 베이글이 생각나서 좋아요. 영어를 잘

못해서 아침에 혼자 식당 가긴 부담스럽고… 그럴 때
베이글 집에 가서 베이글이랑 커피를 주문해서 먹곤
했어요. 새벽에 나가서 사 먹던 그 맛과 낯선 외국 느낌이
떠올라서 베이글을 좋아하게 됐는데요. 그래서 베이글을
먹으면 약간의 모험심과 용기가 생기는 기분이에요. 위로
같기도 하고요. 여름에 동아냉면은 제가 에디터님한테
서강김밥 먹어 보라고 했을 때의 재미랑도 비슷해요.
동아냉면이 되게 맵거든요. 아는 사람을 데려가서
"이거 먹어 봐." 하는 게 저한텐 재미였던 거죠. 항상
그 맞은편에 있던 김밥집에서 김밥을 사 가지고 가선
"사장님, 김밥이랑 같이 먹어도 돼요?" 묻곤 했어요.
매운 거 못 먹는 친구한테 냉면 먹이면서 매울 때마다 김밥
하나씩 먹으라고 했거든요(웃음).

생각하면서 썼어요. 대학생 드라마였는데, 원빈, 배두나,
양동근 배우가 같이 출연한 작품이었어요. 제가 성연, 원빈
씨가 민 역할이었는데 극 중에서 성연과 민이 좋아하게
되면서 항상 서로의 끼니를 챙겨요. 대학 생활이 바쁘니까
잠깐씩 마주치고 지나가는 장면이 많았는데 그 잠깐 "밥
먹었어?" 하고 묻고, 손으로 크게 동그라미를 그리고,
멀리서는 밥 먹는 시늉을 하면서 "밥 먹었어?" 하고 입
모양으로 묻고. 그런 표현을 유난히 많이 했어요. 그러면서
사랑엔 많은 언어가 있지만 상대의 끼니를 챙기는 게 사랑
같다는 생각이 들더라고요.

**누가 끼니를 걱정해 주면 왠지 더 고마운 마음도 들고요.
강희 씨는 뭔가를 먹을 때 쓰레기 걱정을 하신다고요.
〈나도최강희〉 '환경미화원이 되고 싶어요' 편에서**

강희 씨 기억 속 음식은 맛보다도 기억의 비중이 크네요.
정말 그래요.

**이번 호에서 먹는 걸 다뤄서 그런지 책에서도 먹는
이야기가 눈에 많이 띄었어요. "기억 속에서 낯익은
목소리가 말한다. '그래도 끼니는 알아서 챙겨 먹어야지,
그래야 착하지.'"라는 대목이 있지요. 스스로 끼니를 챙길
때도 있지만 누군가의 당부로 먹게 되는 일도 많은 것
같아요.**
보통 엄마가 그러죠. 그렇게 듣기 좋은 소리는
아니고요(웃음). 저도 항상 "엄마, 나 뭐 먹었는지
궁금해하지 마! 알아서 잘 먹었어!" 그러거든요. 말씀해
주신 문장은 제가 겪은 걸 쓴 건 아니고, 상상하면서 쓴
문장인데요. 제가 어릴 때 출연한 〈광끼〉라는 드라마를

**"밥 먹을 때 이게 어디로 가는지 안 궁금해?" 하고
쓰레기의 행방을 궁금해하기도 했죠.**
한동안 쓰레기 모으는 체험을 하기도 했어요. 어떻게
시작했는지는 기억이 안 나는데, 네 달 동안 제가 쓴
쓰레기를 모았던 적이 있어요. '진짜' 사랑을 해보고
싶어서요. 환경을 생각하고, 지구를 사랑한다고 말하지만
제 밑바닥을 보고 싶었어요. "진짜 사랑해? 너 가짜지?"
하는 마음으로요. 제가 먹은 거, 버린 거… 쓰레기를
모아보니까 깨끗이 닦아서 재활용할 수 있도록 만들어 두지
않으면 엄청 지저분하다는 걸 몸소 느끼게 됐어요. 그대로
두면 금세 부패하고 냄새도 나고 흉측해지더라고요.
그 당시엔 제가 만든 쓰레기들을 가방에 넣고 들고 다니고
그랬거든요. 악취 때문에 힘들고, 이제 그만두고 싶다고
생각하면서 제가 이타적으로 살 수 없다는 걸 깨달았어요.

그래도 그 체험 끝에 좋은 습관이 생겼어요. 누가 보든, 보지 않든 자연스럽게 환경을 지키는 태도를 갖추게 됐거든요. 텀블러를 꼭 챙겨 나가고, 쓰레기 많이 나오는 건 피하게 되고. '아, 나 지금 진짜구나.'라는 걸 깨달을 때 쾌감이 커요.

먹는다는 건 결국 책임이랑 관련 깊은 일 같아요.
맞아요. 사랑이랑도요. 나를 사랑해야 내 먹거리를 챙기니까요.

현대사회를 표현하는 말로 "바쁘다, 바빠."라는 말이 자주 쓰이죠. 바쁠 때 제일 먼저 소홀해지는 게 밥이랑 잠인 듯한데, 바빠서 먹는 거에 소홀해질 때 있어요?
아니요. 저는 바빠서 밥을 못 먹는 사람들이 이해가 잘 안 돼요. 저는 바쁘면 잽싸게 김밥 한 줄 사서 통째로 뜯으면서 이동하거든요. 이에 뭔가 낄까 봐, 그거 정리할 시간이 없어서 안 먹는다는 이야기도 들어봤는데 저는 그럼 잽싸게 먹고 잽싸게 이를 닦아요(웃음). 맘이 바빠서 다 쏟고, 엎으면서도 어쨌든 먹어요. 저는 아버지가 돌아가셨을 때도 장례식장에서 육개장을 뚝딱 해치우는 딸이었어요.

최근에는 맛집을 찾아다니거나 먹방이 유행하는 등 흥미와 관심거리로 먹거리를 다루는 경향이 있어요. 그런데 누군가에게는 식사가 절실한 일이기도 하죠.
참 어려운 이야기예요. 글로벌 NGO '월드비전'에서 계속 활동해 오고 있는데 월드비전의 비전선언문이 "우리의 비전은 모든 어린이가 풍성한 삶을 누리는 것이며, 우리의 기도는 모든 사람이 이 비전을 실현하도록 하는 것입니다."예요. 한번은 '풍성한 삶'이 뭔지 물어봤는데 기본적으로 먹고, 기본적으로 배우는 삶이라고 말씀해 주시더라고요. 모든 사람이 기본적인 것만 하고 남에게 베푼다면 풍성한 삶을 누리지 못하는 사람은 없다는 이야기였죠. 근데, 남한테 베푼다는 게 쉽지 않아요. 제가 한창 쓰레기 모을 때 저만의 챌린지를 진행했는데요. 쓰레기를 줄이기 위해서이기도 하지만, 제가 먹지 않음으로써 모은 금액을 기부해야겠다고 생각했거든요. 그러니까 커피를 한 번 사 먹지 않으면 쓰레기도 안 나오고, 그 돈을 기부도 하는 챌린지였던 거죠. 통장에서 일정 금액 기부하는 거랑은 다른 기부이자 일종의 도전이었어요. 근데 쉽지 않더라고요. 모든 사람 입에 음식이 들어가게 하는 거, 타인의 풍성한 삶과 기본적인 삶을 가능하게 하는 거, 정말 어려운 일이에요.

먹는 이야기를 하자고 만나서는 먹고 사는 이야기까지 정말 많은 이야기를 나눴어요. 유튜버로서의 삶도 새롭게 시작되었는데요. 앞으로 어떤 정체성을 만들어 가고 싶어요?
만들어 가고 싶은 구체적인 정체성은 없지만 큼직하게 보자면 '먹기 좋은 건강한 음식 같은 사람'이 되고 싶어요. 지금껏, 특히 요즘은 사람들이 저를 더 좋게 봐주는데요. 저 사실 그렇게 좋은 사람 아니에요. 제 기준에서 나쁜 짓도 많이 했고, 좋지 않은 면도 있는데 사람들이 보는 저는… 하늘에서 내려온 천사 같더라고요. '무해하다'는 이야기도 많이 듣고요. 정말 무해한 사람이 될 순 없겠지만 그런 사람이 되고자 노력해 볼 순 있겠다고 생각했어요. 성경에 "내 이웃을 내 몸과 같이 사랑하라."라는 구절이 있는데요. 그런 삶을 살고자 조금이라도 노력하고 싶어요. 남을 위해 바지런함을 보일 수 있고, 내 불편을 감수해서라도 타인에게 정성을 다하는 사람. 앞으로 되고 싶은 사람은 무해하고 유익한 사람이에요.

유익하다는 건 어떤 의미예요?
아무 생각도, 행동도 하지 않으면 무해한 사람이 될 수 있어요. 근데 유익한 사람은 못 되겠죠. 제 무해한 모습이 시청자에겐 힐링일지라도 제 주변 사람들에겐 걱정거리가 되잖아요. 그런 건 유익하지 않다고 생각해요. 그런 면에서 무해하고 유익하게, 조금 더 성장해 나가고 싶어요.

오늘 대화가 무해하고 유익하게 기억되면 좋겠어요. 최강희의 인생 2막도, 이어질 3막, 4막도 계속 응원할게요.
좋아요, 든든해요(웃음). 또 김밥 먹으러 오세요.

섣불리 짐작하건대, 거짓도, 꾸밈도 없는 사람. 배우로의 이미지를 생각해 어떤 부분을 애써 다듬고 정돈하기보단 마음 가장 깊은 것을 온전히 꺼내 보이는 사람. 향초를 켜고, 그 열기로 빙글빙글 도는 회전목마 장식물을 보면서 "이거, 조금 유치하지만 보고 있으면 좋지 않아요?" 하는 그 옆모습을 하염없이 바라보며 이 무구한 시간을 어떻게 기록하면 좋을지 오래 생각했다. 직접 겪는 것만큼 깨끗하게 적어나갈 수 없을 것임을 어쩐지 알아버렸기에, 나도 그저 다 내려놓고 솔직해져 보기로 한다.

Sitting Around The Table
우리의 식탁에 둘러앉아

나카가와 히데코—구르메 레브쿠헨

에디터 이명주
포토그래퍼 강현욱

두 개의 부엌을 가진 사람이 있다. 하나는 가족의 일상을 영위하는
공간이라면, 다른 하나는 호기심을 안고 모인 낯선 이들이 재료
손질부터 요리, 뒷정리까지 함께 하며 넓은 의미의 '식구'가 되는
공간이다. 이 특별한 요리 교실 '구르메 레브쿠헨Gourmet Lebkuchen'을
15년째 이끌어오고 있는 나카가와 히데코는 반질반질 윤이 나는
솜씨로 사람들을 요리의 세계로 안내한다. 어깨너머 배운 아버지의
레시피와 자연스레 체득한 요령은 그릇에 소박하게 담겨 식탁에
놓인다. 그 주변에 둘러앉아 소소하고도 유쾌한 이야기를 음미하니,
좋은 맛을 완성하는 건 만든 이의 마음이라는 게 또렷해진다.

참 신기한 게, 나의 레시피가 아니니까 맛이 어떨지 의문스러운데
만들고 보면 아버지의 맛과 닮아 있어요. 시공간을 초월한 맛이라고 표현하곤
하는데, 아버지의 요리가 나에게로 와서 오랫동안 남아 있는 것 같아요.

조용히 스며든 요리하는 삶

여기가 바로 히데코 선생님의 요리 교실이군요. 주말인데도 시간 내어주셔서 감사해요.
어서 오세요. 돌아오는 화요일부터 올해 첫 학기 요리 교실이 열려요. 오늘이 방학 마지막 날인 거죠.

그럼 마지막 휴식을 방해한 건 아닌지….
괜찮아요, 마음먹고 있었어요(웃음). 연희동에서 15년째 운영하는 요리 교실 '구르메 레브쿠헨'은 1월과 2월이 방학이에요. 쉬는 동안 곧 나올 책도 열심히 썼고 '북 레브쿠헨'이라는 출판사를 만들어서 요리와 일상을 담은 책들을 꾸준히 내보려고 준비했어요. 사실 저는 방학에 더 바빠요. 수업을 진행할 때와 달리 약속이 많거든요. 캘린더에 더 이상 메모할 칸이 없을 정도예요.

알차고 즐겁게 보내셨네요. 그러고 보니 연희동에 참 오래 계셨어요.
94년도에 한국에 왔으니까 올해로 30주년인데요. 처음 도착한 동네가 이곳이었어요. 예전에 연희3동이라고 불리던 동네인데 대학교 근처다 보니 하숙집이 많았거든요. 남편을 만나 가정을 꾸린 후에는 아이들 학교나 학원 때문에 강남으로 이사 갔었는데, 네모난 빌딩만 늘어서 있는 게 너무 답답하더라고요. 결국 연희동으로 다시 돌아와서 지금까지 살고 있는 거예요. 처음 마주한 동네다 보니까 애착도 생기고, 특히 동네 마트인 '사러가'를 참 좋아해요. 크진 않지만 허브나 이국적인 재료가 많고 과일과 채소도 신선해요.

동네를 선택한 이유 중 하나가 마트 때문이라니, 장 보러

자주 가세요?
거의 날마다 가요. 그런데 요즘 마트에서 체감하는 물가가 너무 올라서 보통 장을 보던 비용의 반 정도로 줄였어요. 원래 마트에서 100만 원을 썼다면 지금은 50만 원만 쓰고, 남은 건 가락시장이나 허브 전문 농부들에게 직접 주문하거나 쿠팡 배송을 쓰는 거죠. 농담이지만, 사러가 마트의 매출액이 반으로 줄었을지도 몰라요(웃음).

집에 대한 설명도 간단히 들어볼까요? 1층과 2층으로 나뉜 주택인데, 마당으로 들어오는 문에 문어가 그려진 현판이 달려 있더라고요.
맞아요. 둘째가 어릴 때 문어를 좋아해서 그린 그림이에요. 우리 가족은 2층에 살고, 1층에는 원래 편집자로 일하는 친구들이 세를 들어 살았어요. 제 책《지중해 요리》를 함께 만든 편집자죠. 요리 교실을 열기로 마음먹었을 때 연남동에 공간을 알아봤는데 영 마음에 드는 곳이 없었어요. 때마침 편집자 친구들이 집을 비운다고 해서 어디 멀리 가지 않고 1층을 교실로 쓰게 됐죠. 1층 방 하나만 아이가 쓰고 남은 가족들의 공간은 모두 2층에 있어요. 아, 맞아요. 그리고 저 남편 있고 아들 둘 있어요. 자꾸 가족들 소개를 까먹네요. 저밖에 생각이 안 나요.

(웃음) 오늘은 선생님에게 요리를 만들고 나누는 일상에 대해 듣고 싶어서 찾아왔어요. 우선 선생님의 부모님 이야기부터 해볼까요? 무탈하게 지내고 계신가요?
어머니는 작년 12월에 돌아가셨어요. 치매를 10년 가까이 앓으셨는데, 몸이 약하기도 하셨고 폐렴이 찾아오는 바람에 하루아침에 작별하게 됐죠. 어르신들은 갑자기

그런 일이 생긴다고는 하지만, 치매 증상 말고는 아무 문제가 없다고 생각했던 터라 많이 놀랐어요. 특히 아버지는 전날까지 같이 아이스크림도 드셨는데 어머니의 마지막 모습을 보지 못해서 충격이 크셨죠. 아버지는 올해로 아흔이세요.

아버지 마음이 많이 안 좋으셨겠어요.

장례식 마치고 부모님 댁에 가니까 뭔가 허전했어요. 엄마가 대단했던 게 그 와중에도 매일 아버지가 입을 옷을 챙겨주고 빨래도 스스로 하셨대요. 세탁기에 세탁물과 세제를 넣고, 까만 옷과 하얀 옷을 구분하셨고요. 어머니가 없는 아버지는 파자마가 어디 있는지, 어떤 양말을 꺼내 신어야 할지도 모르는 거예요. 지금은 아버지도 치매 환자들이 소규모로 모여 사는 요양원에 머무는데, 스무 명 중 할머니가 열아홉 분, 할아버지는 아버지 단 한 명이래요. 모이면 같은 얘기 반복하고, 영양사 선생님 도와서 조리실에서 요리도 하신다라고요. 동생이랑 "엄마 벌써 잊어버린 거 아냐?" 우스갯소리도 하는데, 지금은 잘 지내세요.

표고버섯 튀김과 하몽

다행이에요. 아버지는 프랑스 요리 셰프로 일하셨다고 알고 있어요.

임페리얼 호텔의 프렌치 셰프셨는데 항상 바쁘셨죠. 어릴 때 바다나 유원지에 놀러 갔던 기억을 더듬어보면 엄마랑 저, 동생밖에 없어요. 서비스업이라는 게 남들 놀 때, 쉴 때, 즐길 때 일해야 하는 거잖아요. 게다가 그때는 요즘 젊은이들이 워라밸을 말하는 것과는 일하는 방식이 완전히 달랐고요. 쉬는 날이 돌아오면 나폴리탄이나 오므라이스, 햄버그스테이크, 가츠샌드 등을 해주셨던 게 떠올라요. 빵 사이에 튀긴 고기를 넣는 아버지표 가츠샌드는 식빵 하얀 부분의 겉면을 살짝 구웠는데 그게 참 고소해서

맛있었어요. 명주 씨도 한번 해봐요. 돈가스는 튀긴 거 사 오면 되니까 쉬워요.

가츠샌드 좋아하는데 팁 꼭 기억할게요. 아버지가 바쁘시니 어머니와 보낸 시간이 많았겠어요.

음, 그렇지만 어머니랑 친하진 않았던 것 같아요. 사이가 안 좋은 게 아니라 그다지 가깝지 않았다는 느낌이 들어요. 만들어주신 요리도 잘 떠오르지 않고요. 엄마가 치매에 걸린 후에 제가 한번 물어본 적 있어요. "엄마는 무슨 요리를 잘했어? 뭘 좋아했어?" 하니까 그냥 싫대요. 카레나 양식처럼 아버지의 전문 분야라고 생각하는 요리는 절대 직접 하지 않고 아버지께 부탁하셨어요. 요리를 좋아하는 사람이라면 배우거나 해보고 싶었을 텐데 그렇진 않았던 거죠. 저도 요리는 아버지한테 배운 거예요.

아버지는 호텔 셰프를 그만둔 후 작은 레스토랑을 운영하셨다는데, 어떤 모습이었는지 궁금해져요.

도쿄 도심에 연남동을 닮은 동네가 있는데 거기서 조그만 프렌치 비스트로를 열었어요. 다채로운 색깔이 많은 곳이었죠. 젊은 사람들이 바글바글 오는 것보다 동네 할머니, 할아버지가 모이는 곳이랄까요? 할아버지들이 신문 보면서 생토마토로 만든 나폴리탄 스파게티 먹고, 일본식 모닝커피가 서빙되는 곳 말이에요. 아버지가 일흔여덟 살이 될 때까지 운영하셨는데, 직원은 주방 일을 도와주시는 아주머니 단 한 분이었어요. 그리고 아버지는 운전을 못 하셔서 재료를 사러 갈 때마다 자전거를 타셨던 게 아직도 떠올라요. 그때 레스토랑을 도와드리면서 요리를 배웠기 때문에 그 공간이 참 좋았는데, 2011년 도쿄 대지진이 일어난 뒤 어머니가 너무 불안해하시고 아버지도 연세가 많으셔서 문을 닫게 되었죠. 아버지가 그 후로 저한테 택배를 보내셨어요.

뭘 보내신 거예요?

주변 정리라고 할까, 가지고 있는 식기나 조리 도구들을 보내주신 거였어요. 백자로 된 찻잔과 티팟, 에도 시대에 만들어진 그릇과 술잔도 있고 여러 종류의 식칼도 있었죠. 배에 실어 가져온 거라 여기저기 금이 가거나 이가 나가서 '킨츠기' 공예법으로 붙여두고 아직까지 쓰고 있어요.

전부 귀한 것들이네요. 왜 주신 걸까요?

쓰라고 주는 거지 뭐(웃음). 당신은 아끼느라 박스에 넣어두고 평생 단 한 번도 꺼내 쓰지 못했대요. 저랑 남편이 가져가서 맘껏 쓰라고 하시더라고요. 요리 서적들, 레시피 노트도 있었어요.

**아버지한테 요리를 배우셨다고 하셨죠. 좀더 자세히
듣고 싶어요.**

아마 요리에 대한 모든 걸 배웠을 텐데요. '베샤멜
소스béchamel Sauce'(버터와 밀가루에 우유를 넣어 만든
화이트소스로 프랑스 요리에 자주 쓰임)와 고기 굽는 법,
파이지 반죽법, 달걀과 버터를 섞는 요령 같은 것도
알려주셨어요. '오늘 이걸 가르쳐 줄 거야!'라고 포고하듯
한 게 아니라 어깨너머로 가르치고 배운 거죠. 이런 말
써도 되나 모르지만, 전 요리를 전공한 사람이 아니니 일명
'야매 요리'를 만들어요.

**그렇기에 더 자연스럽고 다정한 맛이 느껴지는 게
아닐까요(웃음)?**

그럴지도 모르죠. 셰프들은 대부분 비법이 있어도
기록해 두는 일에 더딘데 아버지는 일찌감치 컴퓨터로
정리하셨어요. 그 덕에 《아버지의 레시피》라는 책이
탄생할 수 있었죠. 아버지가 만든 토대에 한국 사람들이
쉽게 만들 수 있고 좋아할 만한 맛을 제가 조금씩
더해서 완성한 책이에요. 요리사로서 큰 호텔에 있으면
안정적이잖아요. 그렇지만 아버지는 세상이 자기를
셰프라고 불러도, 스스로는 요리를 만들어서 가르쳐 주는
사람으로 남고 싶어 하셨어요. 몸이 안 좋아지신 후에
같이 비프스튜를 끓인 적 있는데, 그 와중에도 당신이
무얼 만들고 있는지 잊으시더라고요. 그런데 저한테 생선
다루는 법을 가르쳐 주지 못해서 아쉽다고 하시는 거예요.
안 그래도 그것 때문에 제가 생선에 좀 약하거든요(웃음).
아버지는 알게 모르게 제게 영향을 많이 주신 분이기
때문에, 아버지가 아니었다면 아마 요리 교실도 하지
않았을 것 같아요.

아버지에게서 딸에게로 전해진 햄버그스테이크의
레시피는 다진 고기와 양파밖에 없었던
옛 동독의 친구들에게, 그리고 지금은 서울의
요리교실로 전해졌다. 또한 어렸을 때는 일본에서
할아버지의 햄버그스테이크를, 지금은 서울에서
어머니의 햄버그스테이크를 먹어온 아이들에게
전해졌다. 대학생이 되고 마음의 여유가 생겼는지
먹어본 큰아들은 외할아버지에게서도 내게서도
햄버그스테이크 만드는 법을 배웠다. 하지만
아직까지 나는 아들의 햄버그스테이크를 먹어보지
못했다. 그 맛이 어떨지 무척 기대된다.
　　　— 나카가와 히데코, 《아버지의 레시피》 중에서

**부모님의 레시피를 이어받아 자신의 요리를 만든다는 건
선생님께 어떤 의미인지 궁금해요.**

참 신기한 게, 나의 레시피가 아니니까 맛이 어떨지
의문스러운데 만들고 보면 아버지의 맛과 닮아 있어요.
시공간을 초월한 맛이라고 표현하곤 하는데, 아버지의
요리가 나에게로 와서 오랫동안 남아 있는 것 같아요.
누군가 아버지께 앞으로 뭘 하고 싶은지 물어봤대요. 아마
아흔 살이라는 걸 몰랐던 거겠죠? 그랬더니 "요리하고
싶어, 요리할 거야." 이렇게 답했대요. 그걸 듣고는
조금… 서글펐어요. 저는 목표가 딱 있는데요. 여든여덟
살까지 요리 교실을 열고, 예순여섯 살까지 책 50권을 낼
거예요. 남은 시간을 계산해 보면… 지금 이럴 때가 아니라
부지런히 써야겠네!

**다시 한번 시간을 내어주셔서 감사해요(웃음). 그런데
대학 시절, 부모님께서는 일본에서 요리의 길을 걷길
바라셨지만 훌쩍 스페인으로 떠났다고요.**

음, 사실…. 남자 친구가 있었어요.

(일동 폭소한다.) 아니 선생님!

달리 무슨 이유가 있겠어요(웃음). 아버지 일로 온 가족이
독일에 잠시 머무르다가 저는 스페인으로 갔어요. 당시
무얼 하고 싶은지 몰라서 쉽게 선택했던 것 같아요. 독일은
식문화가 다채롭거나 매력적이진 않은데, 스페인은
식재료가 풍부하고 해안 도시도 많아 수산물 종류도
다양한데다가 햇살이 좋아서 사람들 간의 에너지가 넘쳐
보였어요. 그간 아버지의 부엌에서 봤던 건 대부분 손질된
재료였거든요. 바로 넣으면 되는 상태. 스페인에서 본 건
완전히 달랐죠. 그래서 시장 가는 것도 너무 재밌었고,
먹는 사람도 없는데 주말마다 바구니 가져가서 한가득
사 들고 돌아오곤 했어요.

그렇게 3년을 보내다가 이후에는 한국으로 오셨죠.

일본으로 돌아가기 전에 어학 연수 겸 지낸 거였어요. 그때
남편을 만나게 됐는데, 일본으로 돌아가는 출국 전날에
직접 준비한 밥상을 차려줬어요.

어머나….

갓 지어서 따끈한 완두콩밥이랑 오뚜기 미역국, 어묵볶음
같은 걸 해줬더라고요. 그중에서 완두콩밥이 정말
맛있었어요. 특별한 조미료나 레시피가 있는 게 아닌데
한입 가득 먹을 때마다 눈물이 나는 거예요. 그때
그 밥맛이 아직까지 떠올라요.

**그 한 그릇이 선생님을 한국에서 지금까지 살게
한 거네요.**

맞아요. 완두콩밥 때문인가 봐요.

먹고 마시고 나누는 시간 속에

구르메 레브쿠헨 요리 교실은 어떻게 시작된 건지 궁금해져요.
그 이후로 일단 귀국 수속은 다 해두었으니 일본에서 어머니랑 며칠 지내고 다시 한국으로 왔어요. 저의 30대는 남편과 결혼하고 아기를 낳아 육아하는 데만 쓴 것 같아요. 어디선가 사주를 봤는데 30대가 암흑의 시대라고 하던데, 그래서 그런 건가(웃음)? 그래도 주말에 지인들 불러 파에야 만들어주고 아이들 데리고 캠핑장 놀러 가면서 소소하게 즐거웠어요. 마흔 살에 연희동으로 이사 온 뒤에는 요리 교실을 다니다가 만난 친구들을 집으로 초대해 파에야를 가르쳐 주었는데, 오는 사람이 하나둘 많아지면서 요리 교실처럼 되어버렸어요. 그때부터였죠.

그대로 남겨둔 채 헤어지죠. 별로 재미가 없어서 수업에 앉아 있다가 존 적도 있어요. 그러다 베트남 선생님 '미세스 수'의 요리 교실을 들으러 갔는데 한국과 재미 교포, 일본까지 다양한 국적의 사람들이 둘러앉아 재료 손질부터 하는 거예요. 요리를 마치면 선생님도 식탁에 앉아서 함께 먹고 뒷정리도 나눠서 하고요. 그 방식이 즐거워서 그대로 하고 있어요. 하는 사람과 치우는 사람이 나뉘지 않도록.

그런 점이 재미있어서 꾸준히 오는 수강생도 많겠어요.
수강생 중 70퍼센트는 재수강을 하고, 30퍼센트는 몇 년 단위로 꾸준히 오는 친구들이에요. 10년 가까이 된

특별한 결심이 있었다기보다 자연스레 요리라는 일과 연결된 거네요.
맞아요. 지금도 그 마음은 여전해요. '이거 그만둬도 돼.'라는 생각으로 하거든요. 여태 나온 책들도 의식적으로 쓴 게 아니라, 요리 교실이 오랫동안 열리면서 이야깃거리가 잔뜩 생기니까 자연스레 글로 정리하게 된 거예요.

선생님의 요리 교실은 조금 특별한 점이 있어요. 재료 손질부터 먹은 뒤 뒷정리까지, 모두가 함께 한다면서요.
보통 요리 수업에 가면 모든 게 세팅되어 있어요. 손질된 재료들이 접시에 쓸 만큼만 담겨 있고 먹은 뒤에는 그릇을

친구들도 있고요. 왜 이렇게 오랫동안 다니는지 궁금해서 물어봤는데, 자기 생활의 일부가 됐다고 하더라고요. 처음에는 다들 소매 긴 블라우스 같은 거 입고 오다가 이제는 운동복에 운동화 신고들 와요. 요리가 마냥 예쁘고 깔끔한 일이 아닌 걸 아니까. 그런 친구들이 많으니 지중해, 스페인, 일본, 한식이 많은 술안주까지 네 가지 테마를 고정적으로 열고 1년마다 메뉴 구성을 바꿔요. 그때의 관심사에 따라 몇 가지 테마를 더할 때도 있고요.

단순히 배우는 게 아니라 함께 나누는 요리의 즐거움도 만끽하는 시간이겠어요. 수강생 사이에서 '수자 언니'라고도 불리신다고요.

'나카가와 히데코中川 秀子'라는 이름의 한자를 한국어로 읽으면 '중천 수자'가 되거든요. 보통은 선생님이라고들 부르지만, 수업이 끝나고 밖에서 같이 술 먹을 때 수자 언니라고 부르는 친구가 있어요. 재미있는 별명이죠. 그래도 저는 사제지간의 거리는 꼭 유지하려고 해요. 너무 가깝게 다가갔다가 오히려 탈이 난 경험이 있거든요. 사람 사이에는 바람이 통할 만큼의 거리가 필요해요.

맛있는 요리에는 술이 빠질 수 없잖아요. 《히데코의 사계절 술안주》, 《히데코의 사적인 안주 교실》 등의 책도 쓰셨고요. 음식과 술을 함께 즐기는 '반주'를 좋아하세요?
저는 밥을 못 먹어요.

아주 간단한 걸 하는 거죠. 한우를 구워 소금 살짝 찍어 먹거나, 마트에 가면 마른 두부를 파는데 들기름을 두르고 구워요. 밀가루 같은 거 필요 없이 두부만 팬에 올려 양면을 노릇하게 굽고 갈치속젓 얹어 먹으면 맛있거든요. 누군가를 위한다기보다 내가 먹고 싶어서 하는 거예요. 아무래도 셰프 체질은 아닌가 봐요.

짓궂은 질문도 하나 해볼게요. 평생 딱 한 종류의 술만 마셔야 한다면 무얼 고르실 거예요?
아, 어렵네. (잠시 고민한다.) 샴페인 아니면 브루고뉴 화이트 와인! 깔끔해서 그냥 마셔도 좋고 다양한 요리에 곁들이기도 좋거든요. 저는 좋은 술에 집착하진 않아요.

네?
술이 없으면 밥을 못 먹어요(웃음). 너무 피곤한 날이 아니라면 식사에 와인이나 위스키를 한잔 곁들이는 경우가 많아요. 아님 남편과 나가서 술을 마시거나. 예전에는 맥주도 좋아했는데 요즘엔 조금 덜 마셨네요. 술이 더해지면 음식이 더 맛있게 느껴지니까 요리하는 도중에도 '아, 와인 냉장고에 있는 그거랑 잘 어울리겠다.' 생각하게 돼요. 무얼 마시느냐에 따라서 양념도 조금씩 변주를 주고요.

애주가셨군요(웃음)! 선생님의 '사적인' 안주를 소개해 주세요.
여러 사람과 집에서 술을 마실 때 안주를 만드는 저만의 룰이 있어요. 만드는 사람도 술자리를 즐길 수 있도록

이런 일상과 생각을 열심히 책으로 옮겨내시죠. 50권 출간이 목표라는 이야기도 하셨고요. 글을 쓰게 만드는 원동력이 무엇인가요?
수강생들이 들려주는 이야기나 야채 가게 아저씨, 소금 가게 아저씨처럼 식재료를 공급해 주시는 분들의 이야기를 좋아해요. 그걸 통해 만나는 사람과 일상이 재미있으니까 요리 교실을 하는 거고, 책은 즐거움의 결과물일 뿐이죠. 요즘에는 아침형 인간이 되어서 원고 마감이 있을 땐 5시나 6시쯤 일어나 쓰곤 해요. 일명 '그분'이 오시면 술술 써지지만 아니라면 하루에 다섯 줄은 꼭 채운다는 마음으로요. 레시피는 머릿속에 있으니 쓰기 쉬워도 이야기 소재는 잊지 않기 위해서 노트에 기록하고 있어요.

어떤 마음과 의미를 담아 자신의 이야기를 나누는지

궁금해요.

한때 기자로 잠시 일했을 정도로 글쓰기를 좋아하긴
하지만, 스스로도 어떤 마음을 담고 있는지 궁금해서
생각해 본 적 있어요. 결국에는 정체성 때문인 것 같아요.
즐거운 일을 하고 그걸 기록하면서 내가 여기에 있는
이유를 되새기는 거죠. 여태 한국에 있는 이유, 내가 살고
있는 이유. 더 나아가서 제 이야기로 요리에 대한 힌트를
드릴 테니 보는 분들이 직접 해보면 좋겠다 싶어요. 잠시
유행하고 말 메뉴가 아니라 아버지와 저의 시간이 담긴
메뉴들이기 때문에.

> 부엌은 식단이나 순서, 정리를 고민하며 조리에
> 분투하는 장이면서 맛있는 음식을 만들며 기쁨을
> 느끼고 행복을 나누는 즐거움의 장이다.
> 또 타인과 함께 음식을 만들면서 대화를 즐기는
> 교류의 장이기도 하다. 특히 요리를 좋아하는
> 사람들에게는 창의성으로 가득 찬 설렘의 장소다.
> — 나카가와 히데코, 《음식과 문장》 중에서

이제 부엌은 선생님에게 놀이터 같겠어요.

그렇죠. 부엌이란 내 생활의 일부예요. '일부' 이상으로
말하면 뭔가 맨날 부엌에 있어야 할 것 같은데, 요리를
마치면 행주 삶아 두고 딱 떠나거든요(웃음). 음식을 만들기
귀찮거나 도무지 틈이 안 나는 날에는 외식도 곧잘 하고요.

**하는 사람의 에너지가 중요한 행위니까요. 조리 도구나
식기를 구매할 때 기준이 있나요?**

결국에는 쓰는 사람과 잘 맞는 도구인지가 중요해요.
요즘에는 기능성이 떨어지는 제품도 많아서 쓰기 편한
걸로 우선 고르기도 하죠. 그래서 감자 깎는 필러는
'무인양품' 것만 쓰고요. 개인적으로 디자인은 저한테
그다지 중요하지 않아요. 냄비도 요리마다 다르게 쓰는데,
디자인이 탁월하다고 특별히 더 뛰어나다는 느낌은 못
받았어요.

**기준은 경험을 따라 만들어지는 거네요. 그럼
선생님에게 '좋은 식사'란 무얼까요?**

요리에는 수많은 방법이 있으니까 식재료가 완성하는
거라고 생각해요. 예를 들어 토마토라면 제대로 좋은
걸 사서 그냥 먹어도 좋고 잘라서 올리브 오일과 소금만
뿌려도 맛있고, 팬에 뭉그러질 때까지 볶다가 파스타를
삶아버려도 돼요. 그렇다고 비싼 식재료일 필요도 없어요.
제철에 사야 적당한 가격에 살 수 있으니 때를 맞춰서
잘 고르면 누구나 좋은 식사를 할 수 있어요.

프로방스식 여름 채소 오븐 구이

**어떤 이야기에서 "요리도 패션도 인생도 덧셈보다는
뺄셈"이라는 말씀을 한 게 인상 깊었어요.**

처음에는 패션에 대한 생각이었어요. 그런데 시간이
지날수록 음식도, 사는 것도 빼는 게 중요한 것
같더라고요. 사실 빼는 게 더 어렵잖아요. 요리할 때
재료에 온갖 소스를 올린다고 생각해 보세요. 맛이
없진 않겠지만 그게 좋은 모습으로 느껴지나요? 절대
아니거든요. 사람도 나이 먹으면 아등바등 다 가지려고
하기보다 하나둘 짐을 정리하잖아요. 그거 못하면 되게
미운 할머니, 할아버지 되고요. 제가 살고자 하는 태도는
빼는 것과 같아요.

**마음에 새겨두고 싶은 이야기예요. 이제 곧 완연한 봄이
올 텐데, 선생님에게 4월의 맛은 무얼까요?**

그때면 봄나물 잔치가 열리지 않을까요? 두릅이나 냉이,
달래…. 마트에서 깔끔하게 손질된 것도 좋지만 밑에 흙이
묻어 있는 자연산의 향이 훨씬 달아요. 된장이나 고추장
넣고 무치는 것보다 살짝 밀가루만 묻혀서 튀기거나,
심플하게 소금과 참기름 또는 들기름으로 버무리고
싶어요. 간이 세면 본연의 향이 느껴지지 않을 테니까.

**상상만 해도 맛있겠어요. 마지막으로 많은 사람이 오고
간 구르메 레브쿠헨 교실에 초대하고 싶은 사람이 있다면
살짝 알려주실래요?**

바로 떠오르는 사람은 요리 잘하는 배우 누구더라,
류수영(웃음)? 그런데 좀더 생각해 볼게요. 올해로 구르메
레브쿠헨이 15주년이니까, 그동안 수업을 위해 많이
도와주셨던 분들을 초대해서 함께 식사하고 싶어요.
더불어 한국에 온 지 30년 되었으니 연이 닿은 분들과
모여 이벤트를 열고 싶고요. 그때 오실래요? 좋은 장소
있으면 알려주세요.

히데코의 손이 자주 닿는 조미료

1.

3.

2.

4.

1. 소금

최신일 사장님의 염전에서 생산된 소금을 선호합니다.
그 기간만 해도 벌써 10년이 다 되었네요. 전라남도
신안군에 속한 도초도라는 섬에서 만들어지기에 구르메
레브쿠헨 요리 교실에서는 '도초도 소금'이라고 불려요.
조미료의 기본 중 기본입니다.

2. 조선간장

한식에 쓰이는 간장의 종류는 국간장, 양조간장, 조림간장,
진간장 등 무척 다양합니다만 역시 조선간장을 빼놓을
수가 없습니다. 특히 이 간장은 제가 10년 넘게 배우고
있는 한식 선생님의 장독대에서 나오는데, 맛이 진하고
깊습니다. 한 병 값이 비싸기에 아껴 쓰고 있어요.

3. 후추

후추는 소금만큼이나 요리에서 다양하게 사용되는
조미료입니다. 인도뿐 아니라 캄보디아, 아프리카 대륙
등 여러 열대 지역에서 생산되는데 특징이 조금씩 다르기
때문에 요리 따라 구분하여 넣어도 좋습니다. 후추 통을
여러 개 마련해서 용도별로 보관할까 생각 중이에요.

4. 올리브 오일

브랜드 '라퐁Lafont'의 오일을 주로 사용합니다. 식용유 중
가장 즐겨 쓰는 것이 올리브 오일인데 생산지에 따라 맛의
차이가 커서, 재료와 요리법에 따라 바꾸곤 해요. 일반
가정에서는 무난한 블렌딩 올리브 오일을 사용해도 충분히
좋은 맛을 낼 수 있습니다.

작은 컵에 담긴 아이스크림을 떠올려본다. 눈으로 한껏 음미할 시간이 필요하다는 건
알지만, 조금이라도 지체하면 형태를 잃어버려 녹기 전에 한 스푼 떠먹어야 한다.
이윽고 퍼지는 달콤함, 그 충분한 행복을 만끽하기 위해 사람들은 '녹기 전에'로 향한다.
녹기 전에가 건네는 컵에는 두 가지 맛의 아이스크림만 담기지 않는다. 오는 이를 향한
환영, 자신을 지키는 일상과 가치, 존재의 유한성까지. 어느 한 가지 맛도 허술하게
대하지 않는 녹싸로부터 흐르는 두 스쿱의 시간을 듣는다.

흐르는 두 스쿱의 시간

녹싸—녹기 전에

에디터 이명주
포토그래퍼 강현욱

아이스크림 가게가 문 열기 전에 와본 적은 처음이에요 (웃음). 정오에 오픈하는데 언제쯤 출근하세요?
보통 9시쯤 오는데요. 오픈 준비를 한 시간가량 하고 남은 시간엔 책 읽거나 빈둥거리거나 산책을 해요. 방금 잠에서 깬 사람처럼 부스스하게 시작하고 싶지 않거든요. 일찍 와서 가게 상황에 몸을 충분히 적시고 에너지를 끌어올린 상태로 일하는 걸 좋아해요.

일종의 예열이네요. 먼저 호칭을 정하고 싶은데 '박정수'와 '녹싸' 중 어떤 게 좋으세요?
음, 녹싸라고 불러주세요.

좋아요. 녹싸 씨의 소개를 듣고 싶어요.
마포구 염리동이라는 작은 동네에서 아이스크림 가게 '녹기 전에'를 운영하고 있어요. 연초에 《좋은 기분》이라는 책을 내서, 작가로 소개되기도 합니다. 스스로 쓰는 말은 아니고요(웃음). 저는 여전히 상인으로 살아가기 때문에 작가라는 건 잠깐의 즐거운 일탈이었다고 생각해요. 책에 관해 바빴던 일들은 거의 마무리가 되어서 이제 다시 본업에 충실해야 하는 시기죠.

준비된 맛이 매일 달라지던데 오늘의 메뉴는 정해졌어요?
아, 오늘은 메뉴가 꽤 좋은 편에 속합니다. 제가 가장 좋아하는 '피스타치오'가 있거든요. 맷돌처럼 생긴 콘칭기라는 기계에 피스타치오 원물을 사흘에서 나흘 정도 갈아요. 진한 페이스트로 만들어서 쓰다 보니 시간과 공, 마음도 필요한데 아주 맛있습니다.

이따 한번 먹어볼게요. 오는 길이 한적해서 좋았는데 염리동은 어떤 동네인가요?
되게 특이해요. 지도로 보면 가로 500미터, 세로 1.5킬로미터 정도 뻗어 있어서 위아래로 긴 지형이거든요. 그래서 저는 위쪽부터 상염리, 중염리, 하염리라고 부르는데 여기는 중염리예요. 동네 재개발이 덜 되어서 시장과 집, 경의선숲길 공원이 엎치락뒤치락 공존하는 동네이기도 하죠. 옛날에는 소금 장수들이 살았던 터라 '소금 염鹽'과 '마을 리里'를 써서 염리동이라 불리는 거래요.

굉장히 자세하게 알고 있네요.
어디 놀러 가거나 이사 갈 때 동네를 많이 살펴보거든요. 지도에서 찾아보거나 실제로 가보기도 하고 동네 이름의 유래부터 역사, 총 인구수, 지도의 형태도 보곤 해요. 포털 사이트 거리뷰를 보면 10년 전 모습도 볼 수 있어서 이곳이 어떻게 변해왔는지도 알 수 있어요. 저는 그게 삶을 좀더

다채롭게 사는 방식이라고 생각해요. 예를 들어 그랜드 캐니언을 떠올려보면, 아름답고도 엄청난 퇴적층이 시간의 누적을 나타내고 사람은 그걸 보며 멋진 감정을 느끼게 되잖아요. 하지만 우리 주변 대부분은 끊임없이 모습을 갈아엎으니까 현재성밖에 느낄 수 없죠. 그래서 자료를 찾아보면서 어떤 동네인지 알아보게 돼요.

덕분에 새로운 방식으로 염리동을 알게 되었어요. 보통 어떤 손님들이 오는지 궁금해요.
오픈부터 오후 2시까지는 직장인이 대부분이라면 오후 5시 정도에는 학생들이 찾아와요. 초등학생 친구들도 가끔 있고 중·고등학생, 대학생들도 와서 개강했다고 인사하고요. 저녁에는 퇴근길에 아이스크림 포장해 가는 분들이라면, 주말에는 '을밀대'에 평양냉면 먹으러 온 분들이 들르시더라고요.

녹기 전에는 손님을 위한 이벤트가 있잖아요. 주변 학교의 개교기념일을 챙기고 보물찾기도 한다고요.
맞습니다. 개교기념일이 다가오면 그 학교만의 맛을 만들어줘요. 그중 한번은 하교 시간이 되니까 가게 앞에 200명 넘게 줄 선 적도 있고, 교장 선생님을 뵙거나 학생회장 친구가 찾아와서 인터뷰한 적도 있어요. 보물찾기는 경의선숲길에 쪽지를 숨겨두고 찾아오는 손님에게 선물을 드리는 건데요. 아이스크림 관련된 할인, 무료 증정 혜택은 물론이고 저와 동료들과의 식사권도 들어 있어요. 애장품 증정으로 제가 정말 아끼는 돌멩이를 드린 적도 있고요. 물론, 돌멩이라고 해서 실망하실 수도 있는데요. 어떤 절 앞에 흐르는 시냇물에 있던 돌이라 힘들 때마다 꼭 쥐며 질량을 느꼈던… 아주 소중한 겁니다.

(웃음) 녹기 전에만의 재미를 좋아하는 사람이 많겠어요. 팬이라고 불러야 할까요?
사실 저는 '팬'이라는 단어를 굉장히 경계합니다. 내가 왜 받아들이지 못할까 생각해 보니, 그 단어를 쓰려면 팬인 사람이 좋아하는 대상을 만나기 어려워야겠더라고요. 그런데 저희는 언제나 여기 있잖아요. 팬보다는 편하게 단골손님들이라고 생각해요.

그럼 단골손님의 디저트 시간을 방해하지 않도록 부지런히 이야기 나눠볼게요. 녹기 전에는 어떻게 떠올린 이름이에요?
당시만 해도 젤라토를 파는 아이스크림 가게 이름들이 이탈리아어라 어려웠어요. 저는 이태리 유학파도 아니고 마트에서 투게더 먹던 사람인데 굳이 그런 이름을 쓰고 싶지 않더라고요. 게다가 아이스크림에 시간이라는 가치를

부여하고 싶어서 일상적인 단어 중 '녹다'와 '전에'라는 말을 붙인 거죠. 둘 다 시간의 흐름이 내재된 말이고 줄여서 '녹전'이라고 부르기도 좋으니까요. 처음에는 영어로 생각했는데 구청에서 신청서를 내기 직전에, 줄 긋고 한글로 적어 냈어요.

왜 시간이라는 가치를 아이스크림에 담은 걸까요?
시간은 인생에서 가장 아름다운 가치이자, 사람에게 가장 중요한 화두라고 생각해요. 산다는 건 멈춰 있는 게 아니라 정해진 시간 사이를 어떻게 헤쳐 나가느냐잖아요. 언제 죽을지 알 수 없어도 언젠 죽을 거니까 점과 점 사이를 어떻게 잇는지가 우리가 살아가는 과정인 거죠. 그리고 삶뿐만이 아니라 예술과 문화, 소비처럼 모든 것의 근원을 파고들면 시간의 유한성이 드러나거든요. 이런 생각을 어릴 때부터 했으니까 늘 호기심을 가질 수 밖에 없었어요. 그렇다고 가까운 이의 죽음이 있거나 죽음의 위기를 느꼈다는 등의 계기는 없지만요.

특별한 계기보다도 자연스럽게 감각되는 게 시간인가 봐요.
감각이라는 표현이 되게 중요한데 제 감각 방식에는 시간도 포함돼요. 흐르는 강물을 시간에 비유하듯 물을 만지면 시간을 만지는 것 같다는 느낌이 들거든요. 후각과 미각, 촉각처럼 시간을 느끼곤 하죠.

같이 일하는 동료들도 있는 걸로 알고 있어요.
'녹 가문'이라고 녹싸와 녹밤, 녹초가 있어요. 녹밤은 제조 영역을 맡고 있고, 녹초는 주로 제가 담당했던 접객과 매일의 메뉴 선정을 해주세요. 저는 미드필더처럼 접객과 제조 사이를 넘나들며 필요한 부분을 도와주고 사무 업무나 기획을 도맡고 있고요.

이전에 함께할 팀원을 뽑기 위해 정리했던 '접객 가이드'가 화제였죠. 거기에 내용을 더해 《좋은 기분》이 만들어진 거고요.
총 몇 페이지더라. (곁에 있는 가이드를 꺼내본다.) 가이드는 164페이지네요. 이걸 정리하게 된 첫째 이유는 이 일을 굉장히 즐기기 때문이었어요. 저는 순수한 즐거움이 느껴지는 제조부터 저 자신이 바뀌게 된 접객도 정말 좋아해요. 그런데 요즘은 온 세상에 키오스크가 생기고 있잖아요. 심지어 점원이 앞에 있는데도 기계에서 주문해야 하고요. 옳고 그름이나 노동 생산성 같은 걸 떠나서 그런 모습이 허용 가능한 시대에 대한 위기감을 표현하려고 했어요. 둘째로는, 평소에 느낄 수 있는 행복에 대해 나누고 싶었어요. 일상을 살면서 행복이 되게 귀찮잖아요. 이 글을

읽고 어떤 사람이 함께 해줄지는 모르지만 여기서 일하면서 어떤 기쁨을 얻을 수 있는지, 그 기쁨이란 무엇인지에 대해 가이드를 쓰게 됐죠.

내용을 살펴보니, 녹기 전에의 정체성을 아이스크림 파는 곳이 아닌 이야기와 기분을 전달하는 곳으로 정했더라고요.
다른 일을 할 생각이 없다면 지속 가능한 가게가 되는 게 가장 중요하겠죠. 그러기 위해서는 제품이 좋아야 하는지, 공간이 뛰어나야 하는지 이런저런 기준을 떠올리게 되는데요. 가장 우선인 건 '오는 사람이 무엇을 느꼈는지'라고 생각해요. 만드는 이가 공간, 음악, 상품 등 무얼 준비해 두었든 손님이 얻어 가는 마음이 있어요. 그게 좋은 기분이라면 다음에 같은 마음을 안고 또 오실 테니까, 좋은 기분이 오랫동안 유지되는 게 지속 가능성을 높이고 결과적으로 매출에도 도움이 될 거예요. 그러니까 녹기 전에는 어떻게 하면 손님 기분이 더 나아질지를 고민하는 곳일 수밖에 없죠.

오는 이에게 좋은 기분을 만들어주는 방법이 바로 접객일 텐데요. 어떤 의미가 담긴 행위일까요?
저한테 접객은 풍선 같아요. 풍선은 모든 면이 똑같이 생겼지만 유독 다른 형태인 입구에서만 아웃풋이 발생해요. 수학 시간에 배운 점과 선, 면, 접점을 떠올려볼까요? 브랜드와 손님이 마주하는 오프라인 공간에서 접점은 접객원이에요. 공간이라는 면도 있지만 접점에 해당하는 접객원이 어떻게 응대하느냐에 따라서 모든 결과가 바뀔 수도 있다고 생각하거든요. 어디서 아무리 잘한다고 하더라도 직접 대면했을 때 침을 뱉어버린다면 그건 끝이잖아요. 손님한테는 접객이 반드시 필요한 거죠.

《좋은 기분》에서 "지금의 환대가 시간을 거슬러 가까운 과거에까지 영향을 미친다."라고 쓰셨죠. 평소에 전혀 체감하지 못했지만 이미 일어나고 있는 일이었어요.
맞아요. 의식하지 못 했을뿐 실제로 그렇거든요. 힘들게 간 가게인데 무성한 소문과는 다르게 기분이 나쁘다면, 그곳을 가기 위해 찾아보고 기대했던 시간부터 현재까지 몽땅 후회가 되곤 하니까요.

손님을 마라톤 주자로, 접객원을 결승선에 선 사람으로 비유한 것도 재미있었어요.
어떤 손님들은 들어올 때 한껏 상기되어 있는데 그게 마라톤 결승선에 들어온 것처럼 보여요. 그런 분들은 보고 반기지 않을 수가 없어요(웃음). 그 기분에 저희가 동화되어서 응원하고 환호하게 되거든요. 기다리는 사람은

상대방이 어디에서 왔는지 알 수 없지만, 무얼 거쳐서 이곳에 도착했든 힘든 세상을 뚫고 오신 거니까 저희는 늘 환대해야 된다고 생각하고 있어요.

결승선에 들어선 것처럼 환영받는다면 몇 번이고 다시 가고 싶을 것 같은데요. 반대로 접객을 하는 사람한테는 어떤 의미가 있나요?

배울 점이 무척 많아요. 우리는 결국 사람을 통해서 배우거든요. 책이나 수업, 이론을 통해서 알게 되더라도 그건 결국 사람이 만든 거고요. 다양한 사람들을 만나 이야기를 나누면서 건강한 생각도 하게 되고, 저마다의 고충도 알게 되고, 내 삶도 돌아보게 되더라고요. 손님에게 주는 힘이 크다 보니 내가 누군가에게 굉장한 영향력을 끼칠 수 있는 존재임을 깨닫는 것도 의미 있다고 생각해요.

"좋은 기분이란 자신을 갉아먹는 게 아니라, 자가 복제를 통해서만 나눌 수 있다."라는 책 문장이 떠오르네요.

기분은 그대로 드러나고 계속 번지는 것이다 보니까 나와 행동이 다를 수가 없다는 의미로 쓴 거예요. 기분이라는 말 자체가 '기분을 나눈다'는 뜻이에요. 기분이 좋지 않은 사람은 암만 가려도 눈에 띄거든요. 그걸 가리고 있고, 가리기 위해 애쓰는지도 보여요. 반대로 기분 좋은 사람도 올라가는 입꼬리를 감출 수가 없죠. 자가 복제를 하려고 해서 되는 게 아니라, 자연스럽게 복제되는 거예요. 그렇기 때문에 좋지 않은 걸 억지로 조작하고 속여가면서 좋은 척한다면 지속 가능하지 못해요. 그렇게 할수록 나의 상황이 점점 더 비참해지고 내일을 보장할 수 없는 접객이 되어버려요.

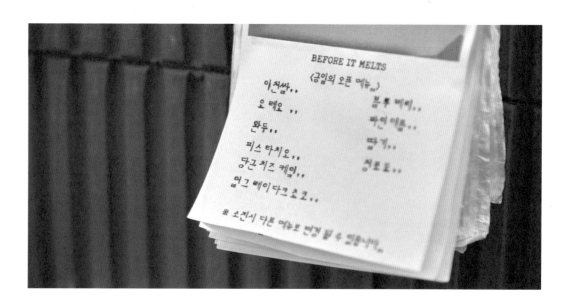

그렇다면 좋은 접객의 기본 방법은 무얼까요?

인사나 질문에 대한 친절한 답변, 이런 걸 떠올릴 테지만 그게 아니에요. 좋은 접객을 하기 위한 가장 첫 번째 단계는 자기가 먼저 좋은 삶을 사는 거예요. 일상이 행복한 사람은 응대가 조금 서툴러도 돼요. 그렇다면 이 사람이 기분이 나쁜 상태에서 대충 하다가 실수한 건지, 나한테 진심으로 긍정적인 기분을 주고 싶은데 서툰 건지가 보여서 받아들일 수 있거든요. 내가 오늘 어떻게 기분을 챙겼고 어떤 기분으로 출근했는지, 다른 이에게 전할 수 있는 마음의 크기가 어느 정도인지를 판단하고 자신을 다스리는 일이 기본이라고 생각해요. 그게 안 되어 있으면 더 이상할 얘기가 없을 정도로요.

내가 먼저 좋은 삶을 만든 후에 직접적인 응대 방식을 고민해 볼 수 있는 건가요?

그렇죠. 그 다음에야 상대방을 살피면서 어떤 크기와 어느 정도의 또박또박함으로 말할지, 맛 추천이나 여담은 나눌 건지 등의 정의가 내려질 수 있겠죠. 상대방을 살피는 방법으로는 인사가 우선일 거예요. 정보가 없는 말인데도 굳이 하는 이유는 상태를 표현하기 위함이거든요. 상대의 인사를 듣고 나의 시작점을 설정해 보는 게 좋아요.

누군가는 아주 지친 상태로 결승선에 도착했을지도 모르니까요. 어느 정도 센스가 필요한 영역처럼 보여요.

사실은 굉장히 센스의 영역이죠(웃음). 근데 기를 수 있다고 생각하고 완전히 센스라고만 정의하기에는 어려운 것 같아요. 내 기분을 체크하듯 상대방 기분을 살펴보면 되거든요. 내 기분을 알아채는 센스가 없으면 삶이 힘들어져요. 나를 위해서라도 응당 갖춰야 되는 능력 아닐까요?

그러게요. 지금까지 듣고 보면 우리 모두를 위한 행위인데 왜 접객의 가치가 저평가되고 있을까요?
인원 감축, 재료비 절감 같은 여러 가지 상황이 얽혀 있겠지만 이런 측면도 있을 것 같아요. 우리 몸에 아주 많은 호르몬이 있죠. 엔도르핀, 아드레날린, 세로토닌 같은 호르몬이 사람에게 특정한 감정을 유발하는데 요즘엔 바야흐로 무엇의 시대죠?

도파민…. 맞죠?
네. 도파민이 원래는 쟁취나 성취를 해서 얻어야 되는

해야지, 모든 위안을 여기에서 받으려고 하면 안 된다는 거예요. 자신의 삶이 어떻게 하면 즐거워질지, 기분 좋은 순간을 누리기 위해 무얼 할 건지 생각해 보셨으면 좋겠어요. 그 이후에 이곳에 왔을 때 늘 우리가 응대하고 싶은 손님이길 바라요.

가이드와 책까지 상당한 분량인데, 자신만의 또렷한 가치관과 생각을 담은 글은 술술 써지던가요?
전부터 녹기 전에가 전하는 가치에 대해 쓰려고 했지만 도무지 써지지가 않아서 포기한 적이 있어요. 그런데 사람을 구해야 할 때가 왔고, 지원자에게만 정보를 요구하기보다 우리 가게가 어떤 곳인지 알려주고 싶다는 마음이 드니까 봇물 터지듯 써지더라고요. 무슨 계시받은 것처럼 춤추듯 썼거든요(웃음). 하루에 쓸 원고 분량을

현대 사회는 시각적인 자극이나 제품 소비를 통해서 쉽게 느끼곤 해요. 도파민을 사용해서 하루를 채울 수 있다고 생각해 버리니까, 다른 호르몬을 통해서 얻을 수 있는 훨씬 장기적이고 건강한 기분을 잊고 사는 것 같아요. 일상 속 편안한 대화를 통해 얻는 몽글한 감정을 느낄 새도 없고 느끼고 싶어 하지도 않는 사람들이 늘어나나 봐요.

나의 일상은 어땠는지 돌아보게 되는 말이네요. 접객을 받는 이의 태도도 한번 짚어보고 싶어져요.
그 부분이 가이드에는 없고 책에는 추가된 내용인데요. 손님들에게 분명히 말씀드리고 싶은 게 이 가게에서 인생 대부분을 누리려고 하면 안 돼요. 문 밖에 훨씬 넓은 세상과 기쁨이 있고 5.5평짜리 녹기 전에를 떠나면 본인들의 삶이 있으니까 그곳에 충실하면서 행복해지기 위한 노력을

정해두고 매일 아침 이 시간마다 카페에 가서 정리했어요. 응대하면서 떠오른 아이디어는 손님이 메뉴 고르실 때 메모장에 적어두고 추가했더니 총 33일이 걸리더라고요. 이 책의 첫 독자는 다른 누구도 아닌 저예요.

그럼 두 번째부터 수없이 이어질 독자들에게는 어떤 책으로 닿길 바라요?
어떤 책은 저자에게 눌리기가 쉽잖아요. 글쓴이처럼 못하겠다는 생각이 드는데, 《좋은 기분》은 가슴 높이에서 언제든 꺼내볼 수 있는 책이라고 생각해요. 왜냐하면 잘 모르는 이야기나 특별한 지식과 정보를 전달하는 책이 아니거든요. 이미 쓴 사람만큼 알고 있는데 남의 언어로 표현된 것뿐이니까, 독자분들이 스스로 저자라고 여기면서 좋은 기분에 대해 여러 번 곱씹어 주셨으면 좋겠어요.

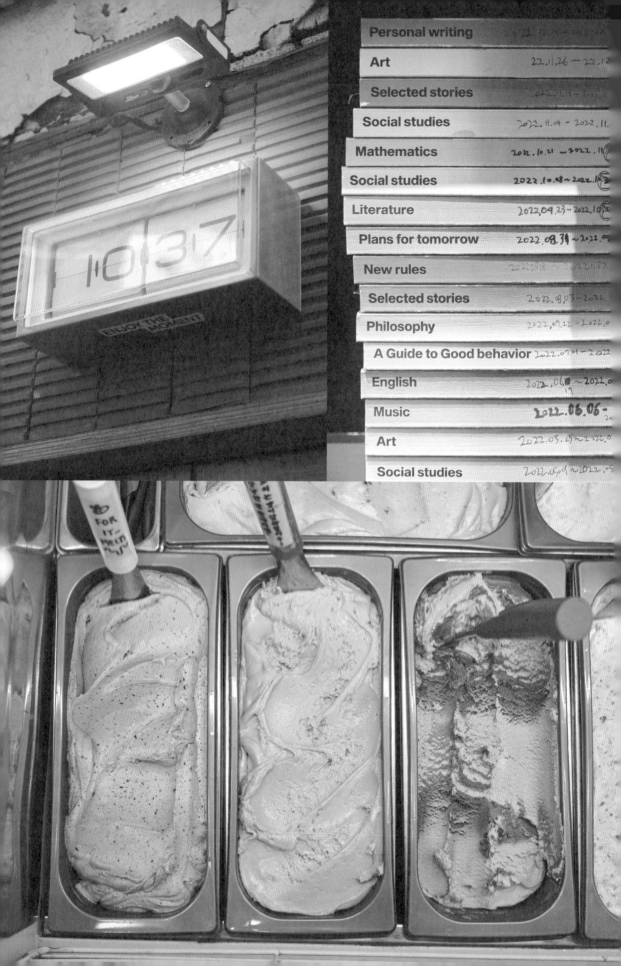

녹싸 씨의 지난 시간에 대해 좀더 이야기해 보고 싶어요. 카이스트에서 전기전자를 전공하고 대기업에 들어갔지만 오래 일하진 않으셨다고요.

소설이나 철학책을 좋아하는 터라 자주 읽으면서 자신에 대한 생각을 많이 해봤어요. 그때 이미 저는 회사를 다닐 수 있는 사람이 아니라는 게 '규정'되었다고 느꼈죠. 다만 열심히 공부해서 대학교 가고 졸업한 사람이 좋은 회사를 가면 따라오는 허울이 궁금했어요. 목적 자체가 경험이었기 때문에 대기업 두 군데를 각각 짧게 다니고 퇴사해서 창업을 준비했죠. 그때만 해도 직업을 5년에 한 번씩 바꾸겠다는 다짐이 있었는데요. 왜냐하면 죽을 때 가장 행복하고 싶은 로망이 있고 그러려면 기억이 많아야 한다고 생각했어요. 기억이 많아지려면 일상이 다채로워야 하고, 그러기 위해서는 직업이 많으면 되겠다는 결론에 이른 거죠.

재미있는 결론이에요. 꼬리 물기처럼 답을 찾아나간 거네요.

맞아요, 꼬리 물기! 어쨌든 첫 직업은 죽을 때 행복하기 위해 앞으로 일을 바꿀 거라는 의식을 담아 정하고 싶었어요. 5년마다 직업을 바꾸려면 질리지 않는 게 중요하잖아요. 질린다는 건 어떤 감각의 역치를 넘어버려 느끼는 정도가 둔화되는 거니까, 나의 역치가 높은 걸 고민해 봤어요. 그랬더니 면 요리와 아이스크림은 언제 먹어도 좋더라고요. 특히 아이스크림은 어떻게 만드는지 다들 잘 모르니까 내가 좀더 알면 남들보다 많이 아는 거겠다 싶었고요. 시간의 의미와 죽음도 상기할 수 있어서 선택했어요.

어떤 아이스크림을 특히 좋아했어요? 녹기 전에 말고요 (웃음).

저 좋아하는 거 무지 많죠. 일상적으로 편의점에서 사 먹는 건 '옥동자', '앤초', '메로나', '메가톤'이고요. 베스킨라빈스에서는 '엄마는 외계인' 가장 좋아합니다.

그럼 '레인보우 샤베트'는요?

그건 절대 안 되죠.

왜요? 마무리로 입가심하기 딱 좋은 맛인데.

불쾌하네요. 오늘 대화는 여기까지…. 장난이에요(웃음).

각자의 취향을 존중해 주기로 해요(웃음). 부드러운 겉모습과 달리 아이스크림 제조에는 수학적인 방식이 필요하다고 알고 있어요.

요리는 불을 이용하니까 화학적인 과정이 많잖아요. 아이스크림 만드는 건 물리적인 과정에 가까워요. 분자 사이를 듬성듬성하게 만들고 다른 분자를 넣어서 특정한 온도의 특정한 구조로 만드는 일이라서요. 요리사가 문어로 요리를 만들겠다고 하면 당장 썰거나 볶겠지만, 제가 아이스크림을 만들 때는 종이와 펜을 쥐고 계산을 해야 해요. 그 이후에는 파우더와 재료를 섞고 얼리는 지리멸렬한 과정들이죠(웃음). 레시피도 그런 방식으로 만드는 거예요.

녹기 전에는 1월 한 달간 문을 닫잖아요. 그때 주로 무얼 하며 보내세요?

보통의 쉬는 날처럼 산책하고 독서하고, 목욕하고 불멍 때리곤 해요. 전부 인류가 원시시대부터 해오는 오래된 행위인데, 저는 이런 행위를 통해서 충분히 정신적인 만족을 얻을 수 있다는 걸 믿어요. 어디 멀리 있는 리조트에 가지 않더라도, 비싼 제품을 사지 않더라도 일상을 만족할 수 있죠. 네 가지 중에 하기 어렵거나 돈이 드는 게 거의 없거든요. 저는 3만 원짜리 욕조에 눕는 걸로 절대적인 행복을 얻고 있어요. 그렇게 한 달을 온전히 쉬고 나면 남은 11개월은 그때 떠올린 것들을 구현하면서 한 해를 보내요.

익숙하게 여기는 행위 이면에서 의미를 찾는 분 같아요. 끊임없이 어떤 장면에 대한 속내를 헤아려보고 싶어 하니까요.

그렇게 생각해 주시면 감사합니다(웃음). 일상을 즐겁게 사는 여러 방식 중 그게 가장 쉬운 방법처럼 보여요. 무엇이든 그 이면을 상상하다 보면 무한한 세계가 있거든요. 그렇다고 해서 어디가 뛰어난 게 아니라 호기심이 많은 것 같아요. 평범한 사람이고요.

이번 호에서는 먹는 일에 관한 이야기를 모아보는데요. 식사는 제때 잘 챙겨 드세요?

솔직히 어려운 부분이네요. 일할 때는 배달 음식을 자주 먹는데, 그나마 다행인 건 저는 음식을 사고의 연료로 여겨요. 맛있는 거 먹으면 감동하면서도, 더 이상 배고프지 않기 위한 수단으로 생각하거든요. 에디터님은 의식주 중에 가장 중요한 게 뭐라고 생각하세요?

'식'이라고 생각해요.

아마 모두가 그렇지 않을까요? 자는 건 아무데서나 잘 수 있고 옷을 입지 않아도 살 수 있지만, 못 먹고는 며칠 버틸 수도 없죠. 결국 사람에게는 먹고 사는 게 극심한 문제예요. 사람이 광합성만 해도 충분하다면 저는 다 내던지고 전 세계를 돌아다닐 것 같아요. 먹는다는 건 우리한테 가장 중요한 행복이고, 의무이자 족쇄처럼 느껴져요.

그럼 녹싸 씨에게 먹는다는 건 허기를 채우는 것 이상으로 어떤 의미가 있나요?

음, 사람은 도넛 같은 존재라고 할까요? 의학적인 용어로 말해서 우리 입과 항문은 연결되어 있고 속은 비어 있어요. 음식물을 섭취하면 안에 두고 있는 것 같지만 음식물은 들어온 적이 없어요. 다시 나가니까요. 잠시 정류장에서 머물면서 미세한 영양소만이 남는 거예요. 몸에 있는 분자가 한 달이면 전부 교체되는데, 그렇다면 한 달 전에 먹은 불량 식품과 좋은 음식이 현재의 나를 구성하는 거겠죠? 또한 미각과 섭취에 대한 경험, 생존 본능 등이 전부 몸을 이룰 테고요. 광합성으로만 살 수 있는 존재가 아니니 먹는 게 나를 만든다는 생각을 해요.

먹는 것 중에서 특히 아이스크림은 살아가는 데 필수적인 요소는 아니에요. 그럼에도 불구하고 먹게 되는 이유가 뭘까요?

디저트에도 단백질이나 탄수화물, 지방, 미네랄 등이 들어 있어서 적당히 먹으면 건강하고 합리적인 식품이긴 해요. 다만 좀더 일상적인 의미를 찾아보자면 디저트는 내가 가진 여유를 대변하는 것 같아요. 바쁘게 버스 타러 가는데 삼각김밥은 먹어도 아이스크림 가게에 가서 '엄마는 외계인' 달라고는 안 하잖아요. 여유를 상징하고 누리게 해주는 존재인 거죠.

여유를 선물하는 녹기 전이 '영속적인 가게'가 되길 바란다면서요. 5년 마다 직업을 바꾸고 싶었는데 달라진 이유가 있을까요?

가끔 진지하게 죽음을 상상해 보는데, 그 후가 무서울 때가 있더라고요. 슬퍼하던 사람들도 내가 완전히 사라지면 다시 일상으로 돌아갈 텐데 갑자기 잊히는 게 겁이 났어요. 그래서 어떻게 하면 잊히지 않을까를 또 고민해 봤죠(웃음). 그러기 위해서는 문화적인 장치가 필요하겠더라고요. 문화는 사람의 목숨을 넘어서는 가치로 전승되어 오는 거잖아요. 그런 문화를 만들려면 직업을 계속 옮기는 게 아니라, 하나의 일에서 지긋이 발자국을 남기는 게 중요한 거죠. 게다가 8년째 같은 일을 해도 아직도 재미있으니까, 이 안에서 내가 할 수 있는 것들을 많이 남겨두고 싶어요.

아이스크림 가게를 지키는 할아버지가 되어 있을지도 모르겠네요(웃음).

그럴지도 모르지만 아닐 수도 있죠. 미래에 어떤 모습일지는 아무도 모르니까요. 다만 가끔 영화적인 상상을 하는데요. 뙤약볕 강한 여름, 할아버지가 된 제가 시골에 놀러 가서 조그마한 동네 슈퍼에 앉아 '월드콘'을 먹는 거예요. 그럼 옆에 모르는 꼬마가 앉아서

"할아버지, 아이스크림 좋아하세요?"라고 묻는… 상상을 해봤어요(웃음). 아이스크림을 먹는 '올드맨'과 '영보이', 거기서 시간의 흐름과 압축에 대해 생각하면 아름답지 않을까요?

그때까지도 시간에 대해 더듬어 볼 모습이 눈에 선해요. 마지막으로 물어보고 싶은 게 있어요. 지금 손에 한 컵의 아이스크림이 쥐여 있다면 녹기 전에 뭘 하고 싶어요?

요즘도 종종 아침에 오롯한 한 컵을 먹거든요. 오롯하다는 게 손님에게 드리는 것처럼 두 가지 맛에 맛보기 스푼을 얹어서, 다도를 즐기듯 질감을 느끼며 먹는 거예요. 저한테는 그게 가장 큰 행복 중 하나예요. 농구에서 파울이 생기면 서서 자유투 하는 거 아시죠? 치열한 경기 중처럼 공을 잡고 급하게 움직이는 게 아니라, 자유투 하듯이 컵 하나를 쥐고 곰곰이 생각하면서 먹고 싶어요. 저 혼자 오롯하게요.

이야기 매듭을 지은 후, 고대하던 결승선에 들어온 사람처럼 활짝 웃으며 말했다. "이제 아이스크림 주문해도 되나요?" 시간과 마음을 들여 만들었다는 피스타치오와 선명한 보랏빛을 띠는 블루베리, 맛보기 스푼에는 당근 케이크 맛을 골랐다. 담뿍 채워진 나만의 컵을 쥐고 감상하다 스푼으로 조금씩 떠먹으니 적당한 단맛이 기분 좋게 흩어진다. 아이스크림이 줄어드는 대신 여유가 차오르는, 충분히 즐거운 한 컵의 시간. 바로 이 맛이지!

여느 때처럼 표정 없는 얼굴로 인터넷 서핑을 하다 문득 하나의 사진에서
손가락이 멈췄다. 아주 '요상한' 그릇을 발견했기 때문이다. 유머러스한 이국의
사진 위에 놓인 접시는 알록달록하고, 그 이름이 아주 길거나 아주 짧았다.
접시 위에는 새빨간 토마토와 출렁이는 와인 잔, 노릇하게 구운 빵과 어느
날의 이야기가 그림으로 놓여 있다. 이 요상한 작품을 완성한 이가 궁금해져
해방촌의 좁은 골목길로 향했다. 주렁주렁 늘어진 작업실의 문발을 밀고
들어서면 장난기 가득한 얼굴로 웃고 있는 세라믹 아티스트 박혜원이 보인다.

대부분 오래 쓸 수 있는 것

박혜원—혜원 세라믹

에디터 이명주
포토그래퍼 임정현

만나서 반가워요. 해방촌에 이런 아늑한 작업실이 숨어 있는지 몰랐어요.

안녕하세요. '혜원 세라믹Hyewon Ceramic' 박혜원이라고 합니다. 여기는 본격적인 작업을 시작할 때부터 썼으니까 4년 가까이 지난 곳이에요. 공예과에서 도자와 섬유를 전공하고 졸업한 후에 친구랑 작업실을 찾다가 발견했죠. 지금은 혼자 쓰고 있고요. 느껴지실지 모르겠지만 집이 조금 기울어져 있어요.

정말요? 듣고 보니 조금….

그렇죠? 친구들은 여기 오려면 멀미약 먹어야 한다고 놀려요(웃음). 졸업 직후라 모은 돈이 마땅치 않았는데 친구랑 각자 어떻게든 300만 원씩 마련하자고 했어요. 그렇게 합쳐도 적은 돈이라 공간이 구해지질 않아서 고민이었죠. 복덕방 선생님과 마지막이라는 심정으로 한 번 더 둘러봤는데, 결국 해방촌 한편 '도대체 저기는 누가 쓰는 거야?'라고 했던 공간에 제가 있더라고요.

(웃음) 그래도 작업실 안은 쓰는 이와 똑 닮은 모습이라고 생각했어요.

싹 바꿨거든요. 들어오자마자 콘센트와 전등, 천장 공사를 하고 벽에 페인트칠도 새로 하고 에어컨도 설치했어요. 당근마켓으로 산 집기들을 채우고 문발을 달았고요. 작품과 작업 도구도 곳곳에 붙이면서 지금의 작업실이 완성됐죠. 공간을 구할 때 다른 기준보다도 주방과 분리되어 있으면서 작더라도 베란다가 있는 곳을 찾았어요. 흙을 다루고 유약을 바르는 일은 먼지가 상당하거든요.

한쪽에는 가마도 보이네요. 이렇게 작은 가마는 처음 봐요.

전기 가마인데 이 공간에 있는 모든 것 중 저게 가장 소중해요. 원래는 서울 외곽에서 대여 가마를 썼는데, 작업 전후로 시간 맞춰 이동하는 게 정말 까다로웠어요. 공간이 크지 않으니 가마는 작아야 하는데 새 가마를 구하는 건 주문 제작이라 받는 데까지 시간도 오래 걸리고 비싸서 쉽지 않았죠. 너무 갖고 싶어서인지 가마가 꿈에도 나오더라고요(웃음). 도예인들이 쓰는 중고 사이트를 매일 드나들다가 결국 운 좋게 발견해서 산 거예요. 아르바이트비를 모아서요!

혜원 씨는 보통 언제 작업을 해요? 아르바이트도 하고 있는 거예요?

혜원 세라믹이 주업이긴 하지만 주업을 뒷받침하기 위해선 경제 활동도 해야 해요. 그래서 지금 패션 회사를 다니고 있어요. 가마를 사야 할 때는 아르바이트도 했던 거고요. 저는 서른 살이 되기 전에 회사 생활을 꼭 해보고 싶었어요.

나와 맞지 않을 걸 알지만 그때가 아니면 경험해 볼 기회가 없을 것 같았거든요. 그게 지금까지 이어졌고, 보통 작업은 퇴근 후 시작해서 자정이나 새벽 즈음 마쳐요.

무척 바쁠 텐데 힘들진 않아요?

육체적으로 지칠 때는 있는데 오히려 작업을 안 하는 게 더 힘들어요. 도자기를 굽고 그림을 그리는 게 진짜 제 모습인 것 같아요.

혜원 세라믹이라는 이름은 어떻게 지은 건지 궁금해요.

처음에는 온갖 단어를 구상해 봤어요. 불어나 우주 용어에서 따온다든가, 낯선 한글들을 찾아본다든가. 문득 왜 그렇게 멋있는 이름을 써야 하는지 이해가 안 되더라고요. 스스로 그 이름에 녹아들지 못해서 불편하거나 얹힌 듯한 느낌을 받으니까요. 그때 주변에서 딱 한 명의 친구가 "그냥 네 이름으로 해. 네가 만드는 거니까."라고 말해줬죠. 그 친구 말처럼, 거창한 브랜딩을 꿈꾸는 게 아니라 나만의 작업을 하기 위한 거니까 이름을 넣게 됐고 지금까지도 마음에 들어요.

제작 방식도 궁금했어요. '파이어드 페인팅Fired Painting'이라고 한다고요.

초벌기에 스케치를 하고 물감으로 그림을 그린 후 유약을 바르고 한 번 더 구워내는 방식이에요. 여기서 물감은 유약이랑 화장토를 말하는데, 화장토는 쉽게 말해 색상이 들어간 흙이거든요. 그래서 그릇 위에 흙이 발라져 있는 거라 일상적인 쓰임에도 문제 없어요. 그림이 그려진 초벌기를 가마에 넣어 재벌할 때는 1,240도에서 열두 시간을 기다리고 열여덟 시간 정도 식힌 후에야 마무리돼요.

기다림으로 완성되는 작품이네요. 접시와 냄비, 컵과 소서 등 다양한 형태의 도자 식기 위에 그림을 그리게 된 계기가 있어요?

시작은 조형 작업에 대한 매력이었어요. 꾸준히 하고 싶은데 작업을 위한 큰 공간이나 가마를 구하는 게 쉽지 않았고, 일상을 영위할 만한 돈을 벌면서도 나 자신을 잃고 싶지 않아 고민이 컸어요. 그즈음 우연히 미술관에서 피카소 전시를 보게 됐어요. 사람들은 대부분 피카소의 그림만 익숙하게 생각할 텐데 도자 작업물도 상당히 많거든요. 색감이 다채롭고 매력적인 회화의 느낌을 캔버스가 아니라 도자 위에서 구현해 낸 거죠. 제 고민에 답이 되는 것 같다는 생각이 들어 시작하게 됐어요.

직접 그리다 보니 중요하게 생각하는 부분이 있을 텐데요. 작품이지만 동시에 상품이니까요.

이상하게 들릴 수도 있지만, 한 작품을 여러 개 만들어야 할 때 똑같이 그리려고 노력하지 않아요. 사람이 하는 거니 어쩔 수 없잖아요. 그리고 혜원 세라믹을 구매하는 분들이 기계적으로 찍어낸 듯 전부 같은 모습을 원할 거라고 생각하지 않고요. 다만 색감 구현은 자로 찍어낸 듯 똑같이 유지하고 있어요. 색이 주는 기쁨을 보는 분들에게 전하고 싶어요.

주로 어떤 장면이 그림으로 남겨지나요?

그림들은 제 기록과도 같아요. 평범한 하루에 있었던 일이나 친구들과의 대화, 떠오른 생각들을 일기처럼 남기는 거죠. 마음에 와닿는 장면이 있을 때마다 휴대폰 메모장에

틀을 짓고 구분하는 걸 경계하는 편이고, 그게 제 작업이 지키고자 하는 지점이에요. 그런 결에서 작품 뒤에 사진을 배경으로 두게 됐어요. 그릇만 찍어서 올려둔다면 누가 봐도 어떻게 쓰이는 지가 명확한 그릇인데, 사진 위에 올려두니까 페인팅이 먼저 눈에 들어와 회화적으로 다가오더라고요. 배경 이미지는 친구나 제가 찍어서 현상한 사진들이고, 색감이 맞거나 분위기가 어울린다 싶은 것들로 골라서 넣어요.

식재료나 음식, 와인 잔을 자주 그리곤 해서 한편으로 요리나 먹는 일을 좋아하는 게 아닐까 싶었어요.

가장 좋아하는 메뉴는 그림에 등장한 적 없는 감자탕에 소주 한 잔인데요(웃음). 자주 먹는 것보다는 이따금 먹는 예쁜 요리들을 그리게 돼요. 기분이 좋은 날과 기록하고

기록해 두었더니 어느덧 삼천 개가 넘었어요. 재미있는 장면을 수집하는 걸 좋아해서 사진을 찍거나 녹음해 둔 것도 무지 많고요. 처음에는 영감을 찾아 무언가를 응시하고 관찰하고 상상도 해봤다면, 지금 방식은 완전히 다르죠. 잊지 않기 위해 일상에서 모았던 게 자연스레 작품이 되고 이름이 돼요.

그러고 보니 유머러스한 이름이 많아요. 올리브를 가득 그린 접시는 '올리브를 좋아하시나요?', 방을 그린 건 '냅다 독립', 가장 최근 작품의 이름은 '좋다 이 말이야-'였죠.

배 속에 있었을 땐 우리도 이름이 없던 것처럼, 작품을 굽기 전보다는 가마 밖으로 태어났을 때 즉흥적으로 떠올려요. 이름이 길든 짧든, 외국어나 특수 기호가 들어가든 상관없이 자유롭게 표현하고 있고요. 스스로 정형화되거나

싶은 날은 조금 다른가 봐요. 평소에 요리도 좋아하지만 할 만한 여유가 없어요. 주업과 부업으로 하루가 정신없이 흘러가고 대식구가 머무는 본가에 사는 터라 그곳에서의 요리는 노동에 가까운 생존 활동이거든요. 대신 맛있게 먹는 걸 잘해요.

복스럽게 먹는다는 뜻인가요?

맛있게 먹기 위해 무언가를 가미하는 걸 잘한다는 뜻이에요. 지금 당장 떠오르는 레시피는 평양냉면인데 국물에 소금과 후추, 겨자만 살짝 뿌려서 먹으면 감칠맛이 확 살아나요. 그리고 사이다에 녹차를 냉침해서 먹는 것도 별미고요.

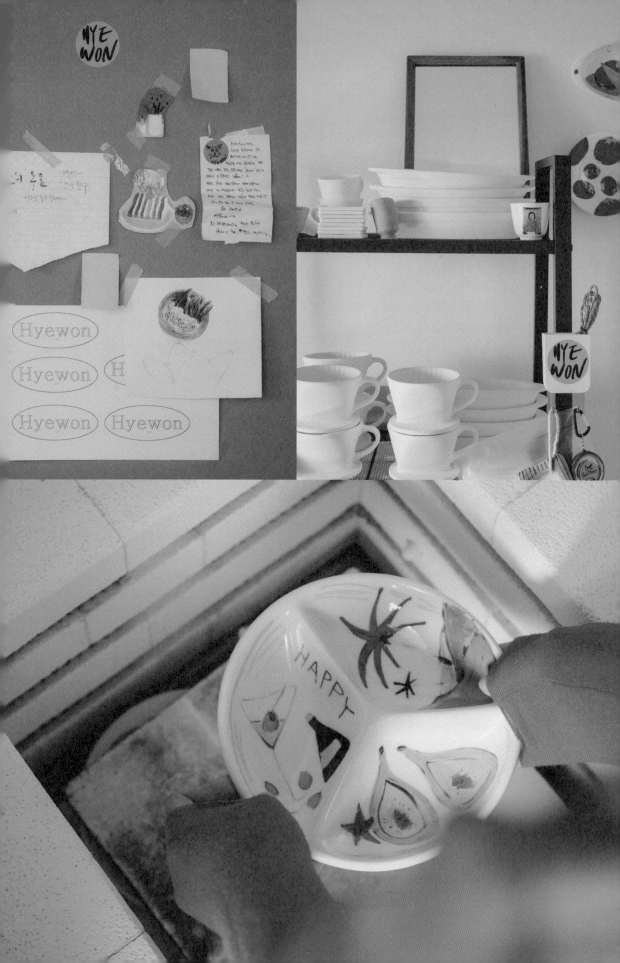

새로운 비법인데요(웃음)? 혜원 씨에게 식사 시간은 어떤 의미예요?

혼자 밥을 먹는다고 하면… 그렇게 기다려지는 시간은 아니에요. 간단히 때워도, 서서 먹어도 상관없어요. 하지만 함께 먹는 식사는 좀 달라요. 음식 자체가 아니라 누군가와 먹을 걸 나누면서 이야기하는 시간을 좋아하는 거라서요. 어딘가에 있는 맛집에 가자고 약속을 잡는 것도 제가 그 사람과 시간을 보내고 싶어서 말하는 거예요.

먹는 것보다 그 시간에 더해진 사람과 의미를 중요하게 생각하는 거군요.

맞아요. 지금까지 기억에 남는 식사 장면이 있는데요. 저는 어릴 때 할머니가 많이 돌봐주셨거든요. 할머니가 만들어주시는 김치찌개랑 유부 초밥을 정말 좋아했어요. 초등학교 2학년 때인가? 현장학습처럼 놀러 가면 다들 집에서 도시락 챙겨 오잖아요. 놀이공원에서 점심시간에 가방을 딱 열었더니 잼을 다 먹고 깨끗하게 닦은 유리병에 김치찌개를 담아 주신 거 있죠(웃음). 친구들은 귀여운 캐릭터 도시락통에 김밥 같은 걸 넣어 왔고요. '이렇게 써도 되는군.' 하면서 어른이 된 후에도 김밥을 유리병에 넣어서 다니기도 했어요. 저한테는 그때 기억이 창피하다기보다 되게 재밌게 남아 있어요.

대화 내내 재미라는 단어가 자주 등장하는데, 삶에서 재미를 중요한 요소로 꼽나 봐요.

재밌는 게 좋아요. 지루하지 않으니까요. 새로운 시도나 실패를 두려워하지 않기 때문에 과감한 도전도 해볼 수 있었죠. 만약 그릇이 가마에서 깨져서 나오거나 그림이 이상하게 그려졌다고 해도 타인에게 해가 되지 않는, 영향력 없는 실패잖아요. 스스로 다시 할 수 있다고 되뇌면서 재미를 잃지 않으려고 노력해요.

단단한 마음이 엿보여요. 아마 작업을 거듭하며 만들어진 거겠지요.

흙에서 많이 배웠어요. 어디선가 흙에는 지구의 시간이 함축되어 있다는 글을 읽었거든요. 그 흙이 자기가 되기 위해서는 엄청난 열을 견뎌야 해요. 몇 번이고 가마에 들어가 오랜 시간 구워지면, 완전히 분해되는데 이천 년에서 천만 년까지 걸린다고 하더라고요. 그래서 우리가 과거 유물로 도자기를 많이 발견하는 거고요. 너무 뜨거우면 타서 죽을 것 같지만 사실상 그 과정을 통해 완전해지는 거죠. 자신을 태우는 게 소모가 아닌 성장인 거예요. 아마 천 번을 다시 태어나고 죽어도 작품이 저보다 오래 살 테니까, 그런 부분에서 흙을 좋아하고 흙에게 배우고 있어요.

작품 소개에 "대부분 오래 사용하실 수 있습니다."라고 적어두는 것도 같은 맥락인가요?

작품은 이미 오래 사용할 수 있는 존재예요. 거기에 '대부분'이라는 말을 붙인 건 쓰는 이의 태도와 관련된 부분이죠. 아무리 오랫동안 변하지 않는 재료로 만들었어도 쓰는 사람의 마음이 변한다면 무용해지니까요. 태도와 관련된 가이드라고 생각해요.

접시 위에 올려진 혜원 세라믹만의 이야기가 사람들에게 어떻게 닿길 바라요?

(잠시 생각한다.) 이 질문을 먼저 들었을 때 고민을 거듭했는데 또렷하게 떠오르지 않더라고요. 오로지 저만을 위한 작업이었고, 자아실현의 과정이었기 때문에 사람들에게 막대한 영향을 주고 싶다고 생각한 적은 없어요. 그냥… 기분 좋게 쓰이는 건 당연하고 오래 쓰였으면 좋겠어요. 아, 그러고 보니 가마 안에 선물을 넣어두었어요. 토마토가 그려진 접시인데, 함께 보실래요?

뜨겁게 구워 뭉근하게 식힌 이야기

1.

2.

1. 토마토

환영의 의미를 담고 싶어 만든 작품이에요. 감히 예로
들자면, 반 고흐는 폴 고갱을 환영하는 의미로 노란색
해바라기를 그려 방에 걸어두었다고 하죠. 동그랗고
탱글탱글한 형체, 아주 잘 익은 붉은색이 저한테는 해사한
환영처럼 느껴졌어요. '멋쟁이 토마토'가 되고 싶다는
바람도 담아서인지, 그릴 때마다 기운을 얻는 작품이에요.
싱싱한 토마토 한 알을 얻은 듯한 기분을 주고 싶어서,
과일 망에 접시를 넣고 토마토 키링을 달아 보내드려요.

2. 파스타를 잘 만드는 친구

주변에 손맛이 좋은 친구가 있는데, 특히 파스타를
기막히게 만들어요. 친구 집에서 저녁을 대접받은 날,
오랜만에 만났는데도 서로를 향한 응원의 에너지를 한가득
주고받았답니다. 맛있는 파스타 한 접시와 와인 한잔의
여운이 다음 날까지 이어져, 작업실에 도착하자마자 만든
작품이에요. 서로의 성장을 공유하고 지지하는 친구가
있다는 행복함이 듬뿍 담겼는데, 친구는 이 작품의 시작이
본인이었다는 걸 모르는 것 같아요. 아니, 혹시 알고
있으려나요?

3.

4.

3. 일어나야 해.

이따금 출처가 불분명한 불안함이 떠오를 때가 있습니다. 자꾸만 눕고 싶은 기분을 단단히 지탱하기 위해, 다시 일어나서 작업을 하기 위해 그려낸 컵과 소서예요. 작품의 전반적인 색감과 주제를 고려해서 배경에는 이름 모를 누군가의 집 풍경을 넣었어요. 소서에 그려진 모습이 제 방이라면, 저는 이미 이불을 대충 정리하고 방에서 나와 작업실에 도착했을 거예요. 혼잣말을 흥얼거리며 그림 그리고 있을 테고요.

4. Love More 우리 서로 사랑하자 순간순간

고백하자면 올해 초, 여러 가지 이유로 사랑하던 사람들에게 순간적인 야속함을 느낀 적이 있습니다. 하지만 저는 좋아하는 사람들에게 순도 100퍼센트의 애정으로 대하고 싶었어요. 조금의 아쉬움도 섞고 싶지 않았죠. 아무도 모르게 그 마음을 회복한 후 사람들을 향한 애정을 다짐하며 깨우치듯 만든 작품입니다. 어떤 손님은 이 작품을 친한 친구에게 선물하기 위해 주문했는데, 친구의 딸 이름이 '서로'라며 무척 반가워하셨던 에피소드도 떠오르네요.

5.

6.

5. 찌그러진 원 내 모습 그대로

김창완 선생님이 라디오 디제이로서 사연자의 고민을
듣고 적어주신 엽서에서 영감을 얻었어요. 일을 하며 얻는
스트레스가 크다는 사연자에게 동그라미를 잔뜩 그려
보여주며 이 중 완벽한 원은 단 몇 개뿐이라고 하셨죠.
우리의 일상도 찌그러진 원이 될 때가 있으니 매일에
집착하지 말라고요. 작업하다 보면, 뜻대로 되지 않거나
아름다워야 한다는 압박을 느낄 때가 있는데 '찌그러지면
뭐 어때!' 싶더군요. 자칫 시시해 보일까 싶었지만 많은
분이 좋아해 주셔서, '다들 그러셨군요?'라며 혼자
만족했답니다(웃음). 배경 속 모래사장의 풍경은 세상에
똑같은 모래알도, 규격이 정해진 모래알도 없다고
생각하며 골랐어요.

6. 가마 속에서 나온 밤의 오아시스

제 자아는 '혜원 세라믹'에 있지만, 다른 경제 활동도
하다 보니 보통 작업은 퇴근 후 늦게 진행되곤 해요.
저녁에 작업을 시작하면 가마에 넣은 작품들은 자정이
가까운 시간에 빼낼 수 있는데요. 어떤 날은 그 속이
너무나도 궁금해서 가마가 식을 때까지 맥주를 마시며
기다린답니다. 육체적으로는 피곤하더라도, 설레는 기다림
끝에 가마를 열었을 때 풍기는 온기와 갓 태어나 따뜻한
작업물을 만져보는 느낌 덕에 무수한 행복에 휩싸여요.
한밤중 오아시스를 마주한 듯한 기분을 담은 작품입니다.

회사가 있는 연남동, 함께 일하는 동료가 근처에 맛있고 든든한 점심을 먹을 수 있는 곳이
있다고 해 따라나섰다. 공원 끝자락, 나무빛으로 단장한 가게에 들어서니 그래놀라와
다양한 토핑이 올라간 꾸덕꾸덕한 요거트가 나온다. '아니 이거, 밥 대신 괜찮은 거야?' 제철
과일을 얹은 요거트 한 스푼과 함께 물음표를 삼키는데, 맛있고 든든하다. 주변을 둘러보니
기분 좋은 식사 중인 사람들의 해맑간 얼굴과 맘에 드는 자리를 차지한 동물 친구들이
보인다. 문득 땡스오트가 만드는 식사는 언제나 모두에게 이로우리라는 확신이 든다.

이로움으로 채운 한 그릇

양수현·양지현—땡스오트

에디터 이명주
포토그래퍼 강현욱

반가워요. 지금 입고 계신 건 유니폼이에요?

지현 맞아요. 면으로 된 앞치마랑 헤어밴드도 있어요.

예쁘네요. 두 분은 연남과 안국에서 '땡스오트Thanks, Oat'를 운영하고 계시죠. 소개로 시작해 볼까요?

지현 저는 양지현이고요. 요리를 전공해서 메뉴 개발과 제조, 플레이팅 등을 담당하고 있어요.

수현 저는 양수현이고 땡스오트의 협업이나 인테리어, 브랜딩을 도맡아 일하고 있습니다. 저와 지현이는 두 살 차이 자매예요. 그런데 혹시 고양이 무서워하세요? 여기서 지내는 고양이가 있어서요. 이름은 '오트'인데 세 살 때쯤 연남동에서 구조해서 돌보다가 여기 안국의 고양이가 되었어요. 저희가 주로 안국점에 머물거든요. 다행히 건강하게 잘 자라줘서 바로 앞에 있는 헌법재판소를 놀이터 삼아 지내요.

무서워 하지 않아요. 지금도 가게 안을 열심히 돌아다니고 있네요(웃음). 땡스오트는 그래놀라와 그릭 요거트로 든든한 한 끼를 만드는 곳이죠. 주재료에 대한 설명을 간단히 듣고 싶어요.

수현 그릭 요거트는 많이들 알고 계실 텐데요. 그리스를 비롯한 지중해 연안 지역에서 전통 방식으로 만든 요구르트를 말해요. 우유랑 유산균을 발효해서 만든 요거트를 면포로 짜서 유청을 빼내면 단단한 질감이 되는데요. 꾸덕꾸덕하고 밀도가 높은 요거트라 위에 재료를 얹어 포만감이 느껴지게 먹기도 좋고, 보통의 요거트보다 단백질이 풍부하고 나트륨과 당 함량은 낮다고 해요.

그렇군요. 그래놀라의 시초도 궁금해요.

지현 저희도 뭘까 궁금해서 자세히 찾아봤어요(웃음). 알고 보니까 스위스에서 주로 먹는 시리얼 '뮤즐리Muesli'를 미국의 '켈로그'에서 수입해 이름을 붙인 거래요. 우리나라에서 시리얼이 콘푸로스트로 곧잘 불리는 것처럼 그래놀라도 흔하게 불리다 보니, 상표명에서 고유명사처럼 되어버린 거죠. 미국으로 들어온 이후 널리 퍼지기 시작했대요.

그래놀라도 저마다 형태가 다양한데, 땡스오트는 직접 굽고 있다고요. 이곳만의 특징이 궁금해요.

지현 시중에서 판매되는 것들은 달콤한 맛을 위해 감미료나 당을 많이 넣곤 해요. 땡스오트는 착하고 좋은 당, 이를테면 프락토올리고당이나 과일과 채소에서 나오는 당을 활용해서 오븐으로 구워요. 프락토올리고당은 유산균의 먹이가 되어줘서 장내 미생물 건강을 활발하게 해준대요. 식품첨가물을 더해 만드는 것보다 더 건강한 시리얼이라고

할 수 있죠. 그리고 그래놀라에는 오트라는 재료가 빠질 수 없는데 아일랜드에서 만든 유기농 플라하반 오트밀을 사용하고 있어요. 곁들이는 견과류는 항상 다르고요.

예를 들면요?

수현 아몬드, 호박씨, 해바라기씨, 햄프시드처럼 낯설지 않은 것들이요.

지현 저희는 견과류와 오트를 뭉쳐지게 만들지 않고 낱알로 흩어지도록 구워요. 보통 당분을 위한 재료가 많이 들어가면 잘 뭉치더라고요. 각자 선호하는 식감이 다르고 거기에 맞춰 원하는 형태를 고르면 되지만, 곡물이 뭉치지 않아야 다른 재료들과 쉽게 어우러진다고 생각해요. 맛의 조화도 확실하게 느낄 수 있고요.

처음 문 열었을 땐 지금처럼 그릭 요거트를 즐겨 먹는 문화는 아니었다고요.

지현 그러게요, 쉽게 보지 못했던 것 같아요. 그때만 해도 빵이나 다른 무언가로 식사를 대신하기보다 든든하게 먹는 한 끼가 중요했으니까요. 가정용 발효 기계를 사서 직접 요거트를 만들어 먹는 집은 가끔 있었지만 뻑뻑한 그릭 요거트보다 훨씬 묽었죠. 저는 아르바이트를 하면서 처음 먹어봤어요. 프랜차이즈로 유명한 커피 회사가 건강한 음식을 만들겠다면서 요거트 전문 카페 1호점을 냈는데, 거기서 일했거든요.

처음 먹었을 때 어땠어요?

지현 사실 장사가 잘 안되다 보니까 남아서 먹어봤던 거예요. 땡스오트 요거트보다 훨씬 묽은 편인데, 장이 예민한데도 속이 불편하지 않고 꽤 맛있더라고요. 열심히 먹어도 매일 남는 게 많으니까 집에 가져와서 언니도 먹어보라고 그랬어요. 과일을 잘라 넣고 보통 그래놀라를 곁들인다길래 집에서 프라이팬으로 구워보기도 하고, 이걸 어떻게 하면 더 맛있게 먹을 수 있을지 생각해 봤죠.

수현 저도 동생이 "언니, 이거 먹어봐!" 하면서 가져다줘서 알게 됐어요(웃음). 처음엔 판매할 계획은 전혀 없었고, 단순히 요거트가 취향에 맞으니까 맛있는 조합을 찾아 즐겨 먹었어요.

꾸준히 먹다 보니 몸으로 느껴지는 효능도 있었는지 궁금해요.

수현 저희가 키나 체구도 작고 몸이 약한 편이라 여름 감기를 달고 살았는데 잔병이 없어졌어요. 먹을 때는 잘 몰랐던 것 같아요. 그러다 지현이랑 유럽 여행을 두 달 정도 다녀왔는데, 매일 먹던 습관이 바뀌니까 여드름이나 질염, 감기처럼 면역력이 약해서 생기는 몸의 신호들이

마구 나타나더라고요. 그때 체감하게 됐죠.

지현 어릴 때부터 언니랑 워낙 친했으니까 나중에 같이 무언가를 해보자, 옷 가게나 소품 숍도 좋으니 함께 하자고 약속했었어요. 보통의 사이좋은 자매들처럼요. 마침 그때 저희가 요거트와 그래놀라에 빠져 있었고, 이렇게 매일 만들어 먹을 거면 더 많이 만들어서 사람들에게도 팔아보자는 생각을 떠올린 거예요.

내가 먹는 것이 나를 이룬다는 말처럼, 스스로 필요해서 시작한 거네요. 자매의 동업은 순조로웠나요?

수현 음, 저희가 취향은 비슷한데 성향이 꽤 달라요. 제가 외향적이고 새로운 걸 시도하는 데 고민이 적은 편이라면, 지현이는 맡은 일을 착실히 하지만 생각이 많아서 시작을 어려워해요. 땡스오트를 열기 전의 저는 프리랜서 디자이너로 꾸준히 일하고 있는데 지현이는 진로를 놓고 고민이 많았어요. 동생이 좋은 사람이란 걸 누구보다 제가 잘 아니까 먼저 요거트 가게를 해보자고 제안했죠. 다른 곳으로 출근하며 마음으로만 응원하는 것보다 함께 하는 게 훨씬 낫다고 생각했거든요. 바로 부동산으로 가서 계약하고, 이름도 어렵지 않게 영어로 써도 좋을 걸 정했어요.

지현 역할 분담이 확실하니까 크게 의견이 다른 부분도 없었어요. 처음에는 가족들을 타깃으로 삼고 분당에 자리를 잡았는데 오시는 분들이 20-30대 젊은이들이라 서울로 가야겠다 싶었어요. 도심 속 자연과 가장 가까운 곳에서 편안하고 여유로운 분위기의 식사를 제공하고 싶어서, 지하철 타고 다니면서 서울의 온갖 공원을 둘러봤죠. 그러다 발견한 게 경의선숲길 근처 연남동이었어요.

편안한 분위기를 주고 싶었던 이유가 있어요? 유동 인구나 접근성이 우선일 수도 있잖아요.

수현 가게 운영할 때 성공도 물론 중요하지만 우리한테 어떤 경험을 받아 가느냐도 고려하지 않을 수가 없더라고요. 골목길을 걸어와 오래된 나무문을 열고 들어와서 우드 톤의 공간과 테이블, 식기들을 둘러보며 먹고 나가는 것까지 전부 땡스오트가 되는 거잖아요. 그걸 생각하니까 차와 사람으로 북적이고 시끌벅적한 곳은 도저히 눈길이 안 갔어요. 여기 안국도 바로 앞에 600년 된 새하얀 백송나무가 보여서 고른 거예요.

지현 모든 게 새것으로 반짝이는 공간보다 이런 곳에서 편안함을 느껴요. 화려한 곳은 스스로 잘 어울리지 않는다는 느낌이 드는데, 여기서는 제가 뭘 흘려도 잘 안 보여요(웃음).

저마다 자연스레 머물 수 있는 곳이 있죠. 아무래도

요거트는 발효 식품이다 보니 만드는 과정이 까다롭지 않을까 싶은데요.

수현 오히려 방법은 단순하지만 어디서 만드느냐에 따라 달라져요. 집에서는 일반 우유에 마트에서 판매하는 플레인 요구르트를 넣고 섞어서 발효하면 되거든요. 그런데 업소는 그렇게 할 수가 없죠. 시중에서 유통되는 요구르트를 넣어서 제공하면 떳떳하지 않은 기분이 들고, 맛 자체가 달라져요. 사과맛 요구르트를 넣으면 사과맛 그릭 요거트가 나오는 거죠. 그래서 유산균을 직접 활용해서 만들고 있어요.

지현 그리고 착한 한 그릇이지만 맛도 중요하다고 생각하거든요. 만약 요거트가 무얼 해도 맛이 없었다면 저희부터 매일 먹긴 힘들었을 거예요. 제조 과정에서 맛과 건강의 균형을 찾으려고 많이 고민했죠.

혹시… 어떻게 레시피를 만들었는지 물어봐도 되나요 (웃음)?

수현 영업 비밀 같은 거라면 우리가 좋아하는 걸 찾으려고 해요. 너무 평범한가요(웃음)? 한 그릇에 비빔밥처럼 온갖 재료를 올리는 건 피하고 재료 간의 비주얼과 궁합을 보면서 조합해요. 단순히 맛있는 걸 다 넣은 게 아니라, 각각의 특징이 또렷한 볼을 만들고 있죠.

지현 요거트에는 뚜렷한 맛이 없다 보니까 위에 어떤 재료가 올라가느냐에 따라 역할이 완전히 달라지거든요. 식사 메뉴 또는 디저트가 될 수도 있겠죠. 평소에 군것질이나 아이스크림, 매운 음식도 좋아하는 편이라 일상에서 레시피 아이디어를 얻을 때도 많아요. 떠오르는 걸 만들어서 언니한테 먹어보라고 해요.

수현 저는 냉정하게 평가하고요.

지현 맞아, 우린 냉정해(웃음). 언니랑 땡스오트에서 같이 일하는 친구들의 피드백을 바탕으로 '킥'이 될 만한 재료가 정해져요.

제철 과일을 풍부하게 쓰고 있는 것 같아요.

수현 요거트와 가장 잘 어울리는 재료거든요. 좋은 재료는 올리기만 해도 맛있으니까 손님들의 사랑을 듬뿍 받아요. 여름에는 체리, 가을에는 무화과, 겨울에는 딸기를 쓰고 제철 과일이 또렷하지 않은 시기에는 청포도나 키위, 망고처럼 그때그때 맛있는 과일을 찾아 쓰고 있어요. 가게에서 쓰는 재료가 많아 매번 직접 장 보는 건 어렵지만, 일주일에 한 번씩은 꼭 시장이나 마트에 가서 지금 좋은 과일이 무엇인지 살펴봐요.

신선한 재료가 음식의 시작이자 완성인 거네요. 두 분이 가장 좋아하는 땡스오트의 메뉴를 꼽는다면요?

수현 저희는 아직도 매일 요거트를 먹을 정도로 모든 메뉴에 푹 빠져 있는데요. 그중 '아보카도 앤 그레인 그릭요거트 보울'이요. 아보카도에 햄프시드, 레드퀴노아, 토마토, 올리브, 바질오일을 넣은 메뉴인데, 아마 맛을 상상하기 어려우실 거예요. 우리나라는 요거트를 디저트 대용으로 바라보지만 외국에서는 식사 대신 즐겨 먹거든요. 채소와 아보카도를 올려 샐러드처럼 먹기도 하고요. 다른 요거트 가게에서는 보기 어렵고 입맛 없을 때 먹으면 생기를 한껏 가져다주는 메뉴라 무척 좋아해요. 든든하기도 하고요. 오늘 맛보셨으면 좋았을 텐데 적당히 익은 아보카도가 없어서 아쉽네요.

지현 샌드위치도 맛있어요. 연한 갈색빛이 날 때까지 구운 빵 안에 야채와 재료를 촘촘히 넣고, 그릭 요거트를 소스처럼 발라요. 요거트를 활용하는 저희만의 방식이에요.

올해로 벌써 땡스오트가 9년째라고 하니, 기억에 남는 손님들도 있을 텐데요.

수현 자주 오시는 분들은 자연스레 눈에 익는데요. 얼마 전에 유럽에서 온 배낭여행 커플이 일주일 내내 들른 적이 있어요. 제가 만약 다른 나라로 여행 갔다면, 매번 다른 곳에 가보고 더 많은 경험을 하고 싶었을 것 같은데 매일 아침 땡스오트에 들러주셔서 참 감사했어요. 두 분이 마지막으로 온 날, 휴대폰으로 번역기 돌린 문장을 보여주셨어요. 땡스오트에서의 시간이 정말 좋았다고요.

그분들에게는 한국에서의 아침이 땡스오트로 남았겠네요. '먹는 일'은 유행이 자주 바뀌는 것 같은데 어떻게 생각해요?

지현 음, 확실히 음식의 유행은 빠르게 변하죠. 하지만 우리가 빠른 흐름에 따르기 위해 요리한다고 생각하진

조만간 들러서 꼭 먹어볼게요. (메뉴판을 들여다본다.) 그런데 메뉴에 커피가 없네요?

수현 그것 때문에 주위 분들이 초반에 얼마나 잔소리를 하셨는지 몰라요(웃음). 커피가 없으면 장사가 잘 안된다면서요.

지현 맞아요. 오픈할 때는 저희가 커피를 못 먹어서 요거트만큼 알지 못했어요. 지금은 좋아하지만요. 그런데 주변에 커피숍이 얼마나 많아요. 우리가 굳이 모르고 못하는 것에 힘 빼지 않고 잘하는 거에만 집중하는 게 맞는 선택 같았어요. 처음에는 당연하게 커피 주문하시는 분도 많아서 우리의 선택이 옳은지 헷갈렸는데, 지금 돌아보면 잘했다 싶어요.

않아요. 음식에서의 유행을 싫어하는 사람들도 많을 테니, 지금처럼 한결같은 모습으로 꾸준히 하다 보면 땡스오트와 생각이 같은 사람들이 와주지 않을까요? 좋아하는 일을 하며 먹고살 수 있어서, 만족해요.

한 그릇에 정성을 담아내는 일을 계속하게 만드는 원동력은 무얼까요?

수현 직업은 삶에서 빼놓을 수가 없어요. 내가 쉰이 되든 예순이 되든 단짝처럼 지내야 하고, 일이 있기에 일상을 살아갈 수 있으니까요. 평생 같이 다닐 친구인데 제가 그 친구를 졸졸 따라다니고 좋아해야 재밌는 거잖아요. 두 번 다시 이런 단짝을 만나기도 어려울 테니 힘든 시기가 있어도 쉽게 놓을 수가 없어요. 일을 좋아하는 것 자체가 원동력인가 봐요.

두 분이 오랫동안 지키는 가치에 대해서도 이야기 나누고 싶어요. "사람과 동물, 지구 모두가 행복한 가게를 꿈꿉니다."라는 소개에서 '무해함'이 떠올라요.

수현 방금 했던 이야기와 연결될 텐데요. 좋아하는 일을 좋은 방식으로 하고 싶어요. 이기적인 동기와 목적으로는 어느 무엇이든 지속 가능하지 않을 테니까요. 세상 모든 존재를 향하는 무해함이 항상 마음을 채우고 있어요. 만약 누군가가 10억 원을 주면서 우리의 기준에 위배되는 일, 예를 들어 토끼에게 마스카라 칠하는 일을 하라고 시킨다면 절대 안 할 거예요. 돈만 많이 갖는 건 의미가 없어요.

지현 방식으로 따진다면 사람에게는 건강한 음식을 내어주고, 동물을 위해서는 수익 일부를 유기견 센터에 기부하거나 사료를 구매하는 데 지원하고 있어요. 또 요거트를 만드는 데 쓰이는 우유 중 일부는 자연 방목한 소들한테서 나온 걸 쓰고 있는데, 언젠가는 모든 우유를 그걸로 대체하고 싶고요. 땡스오트에서는 플라스틱 사용을 지양해서 나무로 만든 접시와 스푼으로 서빙하고, 포장 용기도 생분해되는 펄프용 소재로 쓰는데 그것마저도 지구에게 떳떳하지는 않아요. 저랑 언니는 카페에서 케이크나 쿠키 포장할 때도 그냥 손바닥 위에 올려달라고 하거든요. 의미 없는 쓰레기들이 생기는 게 마음이 불편해요. 더 많이, 더 좋은 방식으로 나아가고 싶어요.

구별 없이 해를 끼치지 않고 싶은 마음이 느껴져요. 참, 그러고 보니 땡스오트에는 강아지를 위한 메뉴도 있죠?

지현 '오 마이 퍼피'라고 강아지들을 위한 요거트예요. 반려동물과 가게에 오시는 분들이 많은데 사람이 먹는 모습을 반짝반짝한 눈으로 바라보는 게 안쓰러워서 만들었어요. 그 눈빛을 외면하지 못했달까요(웃음). 강아지들은 유당불내증이 있어서 우유를 먹지 못하는데, 요거트는 발효되면서 유당이 유청으로 변하거든요. 그래서 강아지들도 사람과 똑같이 먹을 수 있어요.

수현 강아지 이야기를 하니까 얼마 전 직원들이랑 나눈 대화가 생각나요. '한 가지 기억만 갖고 천국에 갈 수 있다면?'이라는 질문에 대한 답을 고민했는데 나중에 멋진 집을 사거나 땡스오트가 잘됐을 때, 뭐 이런 걸 말할 줄 알았어요. 근데 저도 모르게 땡스오트 테라스에서 반려견 철수, 보리랑 브런치를 먹은 게 떠오르더라고요. 그때가 봄이라 주변이 푸릇푸릇하고 바람도 따뜻하게 부는 날이었는데, 철수와 보리는 옆에 엎드려서 요거트를 먹고 우리는 샌드위치로 점심을 먹던 순간이 정말 행복했어요.

특별한 걸 먹지 않아도 완전함을 느꼈던 식사 시간이네요.

수현 진심으로요. 그래서 한편으로 무얼 먹느냐가 건강한 한 끼를 이루는 건 아니라는 생각도 들었어요. 온전히

자신의 마음을 돌보면서 먹는 음식이 곧 건강함으로 이어지지 않을까요? 마음이 텅 비어 있고 자신의 상태에 관심이 없는 사람이 영양소가 풍부한 음식을 먹었다고 바로 건강해질 수 없듯이요. 그게 가령 패스트푸드나 떡볶이라도 마음이 행복하다면 좋은 식사일 거예요.

지현 언니 말을 들으니까 진짜 그런 것 같아. 건강한 한 끼가 뭘까 고민했었는데.

수현 괜찮았어(웃음)? 다행이다.

지현 저희를 간혹 채식주의자나 몸에 좋은 것만 먹는 사람이라고 생각하는 분들도 있는데, 아니에요. 스트레스 받으면 아주 매운 떡볶이나 라면도 먹고 마라탕도 좋아하고요. 물론 가장 좋아하고 자주 먹는 건 요거트지만요(웃음).

지금처럼 늘 같은 자리를, 자연스럽게 지킬 땡스오트인데 앞으로의 목표가 있어요?

수현 미국의 그릭 요거트 점유율 1위를 차지하는 '초바니Chobani'라고, 땡스오트를 준비하면서 롤모델로 삼았던 회사가 있어요. 그곳의 대표가 타국에서 미국으로 온 이민자인데, 폐공장 건물을 구매해서 어릴 때 먹던 요거트를 만들고 판매하면서 시작된 브랜드예요. 미국의 수많은 이민자들을 직원으로 고용하고 그 직원들을 가족처럼 대해주어서 좋은 기업으로 사랑받고 있고요. 한번은 초바니의 요거트에서 곰팡이가 나온 적이 있대요. 보통 그런 일이 생기면 전량 회수하고 고소를 당하거나 브랜드가 휘청거릴 텐데, 사람들이 회사에 대한 신뢰가 있다 보니까 이해해 주었다고 하더라고요. 저도 땡스오트가 믿음과 신뢰를 주고, 같이 일하는 친구들이 우선이 되는 곳이 되길 바라요. 땡스오트와 연이 닿은 모두가 편안하게 머물 수 있도록요.

듣기만 해도 행복한 목표네요. 대화를 나누느라 감사 인사가 늦었어요. 요거트 맛있게 잘 먹었습니다!

수현 감사해요, 다음에 또 오세요(웃음).

땡스오트가 추천하는 한 그릇

1.

2.

1. 시즈널 프룻 앤 베리 그릭요거트 보울

재료
그릭요거트 130그램, 그래놀라, 딸기,
블루베리, 꿀, 그라나파다노 치즈 또는
다크 초콜릿

그릭 요거트는 제철 과일과 먹었을 때 가장 궁합도 좋고
건강에도 유익해요. 그릭 요거트의 꾸덕꾸덕함, 사람에
따라서는 뻑뻑하게까지 느껴질 식감을 과일의 수분감과
단맛이 풀어주거든요. 땡스오트에서는 때마다 과일 종류를
바꿔 얹고 있으니 매번 다채로운 맛을 경험할 수 있답니다.

2. 그래놀라 앤 넛츠 그릭요거트 보울

재료
그릭요거트 130그램, 그래놀라,
구운 견과류, 치아시드, 햄프시드,
코코넛 칩, 허니콤

요거트와 그래놀라 위에 다양한 토핑을 얹고 허니콤, 즉
벌꿀집을 듬뿍 올린 메뉴입니다. 다른 곳에서 쉽게 먹어볼
수 없는 재료라 한국인 손님뿐 아니라 해외 관광객에게도
큰 사랑을 받고 있어요. 구운 견과류의 고소함과 바삭한
식감을 즐기다가, 색다른 맛이 필요할 때쯤 허니콤을 얹어
먹어보세요. 재료가 가진 맛의 조화가 좋답니다.

점심시간이 되면 직장인들은 하나둘 식당으로 발을 옮긴다. 하지만 연희동의
네 친구가 몸담은 작업실 문은 무슨 일인지 꼭 닫혀 있다. 12시가 다가오자,
사무실 한쪽에 자리한 부엌으로 모여드는 이들. 함께 점심을 해 먹는
오피스 런치Office Lunch를 시작한 지도 햇수로 4년째다. 그간의 이야기가
담긴 레시피 북《Office Lunch》를 들고 네 친구의 사무실을 찾았다.

Office Lunch Recipe

여름카레
겨울카레

Curry

1

오늘은 카레 어때?
채소 꾸러미에서 감자와 토마토가 보이면 카레가 제일 먼저 떠오른다.
버터에 양파를 오래 볶은 다음 토마토를 다져 넣어 뭉근하게 끓이는 것이 포인트다. 여름에는 오이와
고형 카레로 간단히 만들 수 있는, 모두가 좋아하는 점심 메뉴다. 겨울에는 구운 채소를 토핑으로 얹어 먹는다.
토마토로 만든 새콤한 살사를.

INGREDIENTS
고형 카레 115g
물 700ml
완숙 토마토 2개
양파 1개
감자 500g
치킨스톡 1알

SERVES 4~6
SUMMER CURRY TOPPING
오이 1개
토마토 1개
올리브 오일 4T
레몬즙 1T
화이트와인 비니거 2T

WINTER CURRY TOPPING
올리브 오일 적당량
대파 흰 부분 4개
단호박 1/4개
연근 1/3개

We

우리의 부엌은 사무실

에디터 **차의진**
자료 제공 **체조스튜디오, SHDW**

사무실에서 요리하는 네 친구들

회색 철문을 두드리자 네 사람이 환히 나를 맞이했다.
내부는 세로로 긴 형태. 공간 저 끝에는 모니터와 책상이
놓인 작업 공간이, 반대편 끝에는 조리 도구와 냉장고가
있는 주방이 보인다. 이곳이 그래픽 디자인 스튜디오
'체조스튜디오Chejo Studio'와 'SHDW'가 매일 일을 하고
점심을 차려 먹는 사무실이구나. 그날도 네 친구는 직접
만든 배추 버섯 파스타와 우엉 볶음 샐러드를 먹었다.
오피스 런치는 두 스튜디오가 함께 사무실을 쓴 것이
계기가 됐다. 처음엔 도시락이나 외식으로 끼니를
해결했지만, 수고로움은 물론이고 비용에 비해 만족스러운
식사를 할 수 없었다고. 결국 직접 해 먹는 게 제일
간편할 것 같다는 결론에 이르렀다. 주방을 정비하고
채소 구독 서비스 '어글리어스Uglyus'를 이용하며 이들의
오피스 런치는 지금의 모습을 갖추게 되었다.
식사 준비와 정리는 자연스럽게 이뤄진다. 손이 빠른
체조스튜디오 강아름, 이정은 디자이너가 주로 요리를,
SHDW 양승훈, 이동원 디자이너가 뒷정리를 맡는다.
양승훈, 이동원 디자이너는 각각 장보기와 커피 구매도
담당한다고. 동그란 식탁에는 시시콜콜한 일상 대화가
오간다. 편안하고 즐거운 식사는 네 친구를 느슨히
연결하며 유대를 만들어낸다.

> "오피스 런치 덕에 우리는 삶과 시간을 이전과는
> 조금 다르게 생각하게 되었다. 머리를 맞대어
> 메뉴를 고민하고, 재료를 만지며 의외의 조합을
> 발견하고, 서로를 도와 요리를 하고, 테이블에
> 둘러앉아 기분 좋게 음식을 나누다 보면, 내가
> 살고 싶은 삶의 방향에 대한 작은 힌트를 얻는
> 기분이다."
> — 체조스튜디오·SHDW, 《Office Lunch》 중에서

체조스튜디오

강아름, 이정은이 함께하는 출판사
겸 그래픽 디자인 스튜디오. 매 호
사물 한 가지를 깊이 탐구하는 매거진
《사물함Samulham》을 발행한다.
시각 활동에 관한 것이라면 무엇이든
제한을 두지 않고 시도한다.

H. instagram.com/chejostudio

SHDW

양승훈과 이동원으로 구성된 그래픽
디자인 스튜디오. 2021년부터 호흡을
맞춰 레코드 숍 클리크레코즈, 카페
리셉션과 토오베, 여성 가방 브랜드
투티에 등 다양한 분야의 클라이언트와
프로젝트를 진행했다.

H. instagram.com/office.shdw

그들이 이야기를 전하는 법

오피스 런치를 시작한 지 3년이 된 지난해, 네 사람은 그간의 이야기를 세상에 꺼내 보이기로 했다. 거대한 계획을 갖고 시작한 건 아니었다. 부담이 되지 않으면서도, 즐길 수 있는 정도로 나아가 보는 게 여전한 목표다. 각자에게 익숙한 디자인 영역에 따라 체조스튜디오는 레시피 북을, SHDW는 머천다이즈를 제작했다. 자신이 축적한 이야기를 자연스럽게 풀어내는 방법이 디자인이라니, 그리고 그 일은 양승훈 디자이너의 표현으로는 일종의 '놀이'였다니 새삼 놀라웠다. 그렇게 만든 책과 머천다이즈는 '언리미티드 에디션 서울아트북페어 2023'에서도 선보였다. 네 사람에게는 익숙한 일상의 이야기가 다른 사람들에게 흥미롭게 읽히는 점도 재밌었다고. '이런 사람들이 있다는 말이야?' 놀라움을 안고 이것저것 묻는 나를 신기하게 바라봐 주는 것도, 이들에겐 오피스 런치가 평범한 보통날에서 출발한 삶의 한 조각이었기 때문일 테다. 점심을 도시락이나 외식으로 해결하는 사람이자, 사무실의 이방인인 나는 《Office Lunch》를 읽는 내내 눈을 반짝일 수밖에 없었다. 호기심을 가득 안고 네 친구와 함께 책을 펼쳐 본다.

How Was Your Lunch Time?

오피스 런치 인스타그램에서는 연희동 사무실의 일상을 살펴볼 수 있다. 다양한 사람들의 점심 풍경을 소개하는 'How Was Your Lunch Time' 콘텐츠도 소소한 재미. 음식 사진과 함께 각자의 점심 식사에 대한 짧은 인터뷰를 담았다.

상상한 대로 요리하기

오피스 런치 레시피

《Office Lunch》

1   **Curry**   여름카레
겨울카레

오늘은 카레 어때?
채소 꾸러미에서 감자와 토마토가 보이면 카레가 제일 먼저 떠오른다.
버터에 양파를 오래 볶은 다음 토마토를 다져 넣어 뭉근하게 끓이는 것이 포인트다.
고형 카레로 간단히 만들 수 있다. 모두가 좋아하는 점심 메뉴다. 여름에는 오이와
토마토로 만든 새콤한 살사를, 겨울에는 구운 채소를 토핑으로 얹어 먹는다.

INGREDIENTS   SERVES 4-6

고형 카레 115g	SUMMER CURRY TOPPING	WINTER CURRY TOPPING
물 700㎖	오이 1개	올리브 오일 적당량
완숙 토마토 2개	토마토 1개	대파 흰 부분 4개
양파 1개	올리브 오일 4T	단호박 1/4개
감자 500g	레몬즙 1T	연근 1/3개
치킨스톡 1알	화이트와인 비니거 2T	
버터 50g	소금 후추 적당량	

...마토는 다진다. 감자는 한 입 크기로
...버터가 녹으면 양파를 넣고 갈색이
...넣고 한 번 더 볶아준다. 다진 토마토,
...로 끓인다. 감자가 익을 동안 카레와
...나면 카레 냄비를 확인한다. 감자가
...강불에 카레를 넣으면 용암처럼 뭉어져
...야 한다. 카레가 잘 풀어졌다면
...만들어 둔 토핑을 올리면 완성이다.

...은 잘게 썬 오이와 토마토에 올리브
...넣고 버무리면 끝이다.
...도 간단하다. 대파는 4㎝ 정도로
...2일을 살짝 두르고 채소를 노릇하게

9

최근 많이 볼 수 있는 요리 콘텐츠는 과정을 쉽게 따라 하도록 영상으로 제작된다.
그러나 체조스튜디오는 조금 다른 접근을 시도했다. 정적이고 글이 가득한 레시피 북을
만들어 사람들이 해석한 대로 요리하는 재미를 주고 싶었다. 요리 과정은 초보자도 따라 할
수 있도록 세세하게 설명돼 있다. 책장을 넘기다 집 냉장고에 있는 재료를 가만 헤아려 본다.
'오늘 이거 해 먹으면 좋겠는걸?' '이 재료 대신 그걸 넣어봐야겠어.' 중간중간 적힌 일상
풍경을 살펴보면 네 친구의 웃음 소리가 들려오는 것만 같다.
책 크기는 SHDW에서 제작한 앞치마 주머니에 쏙 들어가도록 맞췄다. 나아가 요리할 때
편하게 볼 수 있도록 스프링 제본 방식을 선택했다. 대체로 내 기억 속 요리책은 먼지가
조금 쌓인, 두껍고 무거운 모습이다. 엄마가 언제 마지막으로 이 책을 펼쳐봤을지 궁금해지는.
네 친구의 책은 쉽게 꺼내 들 수 있는 아담한 크기라 더 손이 갈 것 같다.
중간마다 끼운 작은 사진도 독특한 요소다. 전문 카메라가 아닌, 스마트폰으로 기록해 온
음식 사진을 활용할 재치 있는 방법이었다. 메뉴는 제일 자주 먹는 음식 위주로 소개한 것으로
대부분 채소를 활용한 4인 기준 요리다. 전 직장에서 제육볶음을 먹곤 했던 SHDW 이동원
디자이너는 오피스 런치 초반엔 배가 다소 헛헛했다는 후문. 지금은 적응 완료다.

이렇게 썰어 볼까?

오피스 런치 커팅 가이드

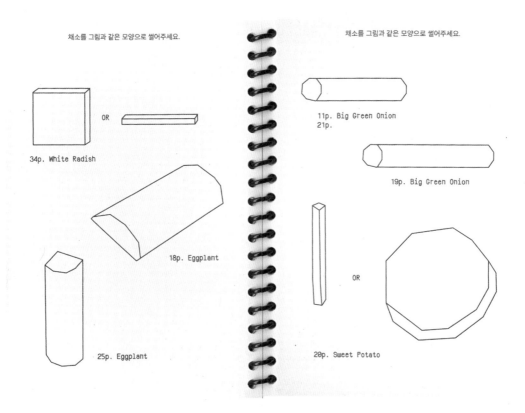

채소를 그림과 같은 모양으로 썰어주세요.

OR

34p. White Radish

18p. Eggplant

25p. Eggplant

채소를 그림과 같은 모양으로 썰어주세요.

11p. Big Green Onion
21p.

19p. Big Green Onion

OR

20p. Sweet Potato

재료 두께와 크기를 직관적으로 알 수 있도록 일러스트를 실제 크기대로 제작해 수록했다.
평소 요리책을 즐겨 보는 체조스튜디오 이정은 디자이너는 재료 크기가 대체로 센티미터로
표기되어 있어 답답함을 느꼈다고 한다. 나도 그러했는데. 양파 5센티미터가 이 정도인지,
이 정도인지 두 손가락으로 헤아려보곤 했다. 에라 모르겠다며 천차만별 크기로 채소를
썰곤 했지. 그러다 모양이 제각각인 양파가 된장국에 동동 떠다닐 때면 나도 웃음이 났다.
이정은 디자이너는 직접 종이에 그림을 그려보며 크기를 파악한 뒤 작업을 했다.
브로콜리처럼 양감을 표현해야 하는 경우 실제 재료를 종이에 대고 선을 따기도 했다고.
일러스트는 체조스튜디오 특유의 간결하면서도 개성 있는 스타일로 제작했다.
길게 썰린 고구마, 양파부터 네모로 썰린 사과, 감자까지 보는 눈이 즐겁다. 인터넷에서
레시피를 검색하다 보면 '이런 재료를 어디서 구한담.' 싶은 순간이 많았는데, 이 책은 쉽게
구비할 수 있는 재료가 중심이다. 하지만 일반적인 한국 가정식이 아닌 토마토 마리네이드
소바, 배추 오일 파스타처럼 간편하면서도 감각적인 메뉴가 많아 도전해 보고 싶은 의욕이
생긴다. 일러스트 옆에는 각 재료가 필요한 레시피 페이지 번호를 기록해 편리함을 더했다.

부엌으로 한 걸음 더

《Office Lunch》

오피스 런치 키친

Kitchen

연희동 사무실 부엌은 11자로 되어 있다. 목수 친구의 도움을 받아 원래 있던 싱크대의 문을 바꿔 달고, 그 옆에 합판으로 꽤 큰 장을 짜 넣었다. 싱크대 앞쪽으로는 조리대가 있는데 시스템 선반을 낮게 설치하여 3구 인덕션, 오븐, 전자레인지, 밥솥을 두고 사용하고 있다. 전자레인지는 요리할 때는 잘 사용하지 않는다. 지난겨울에 온수기를 설치해서 이제는 따뜻한 물도 잘 나온다.

주방 가전 구비 현황
3구 인덕션, 오븐, 전자레인지, 밥솥, 커피포트

Ingredients

요리에서 꽤 큰 비중을 차지하는 일이 장보기다. 그런데 '장보기 노동을 누가 할 것인가'가 문제였다. 최소한의 노동으로 냉장고를 채울 수 있는 방법이 무엇일까 고민하다가 채소 구독 서비스 '어글리어스'를 이용하기로 했다. 우리는 3년째 이 방법으로 장을 보고 있다. 별다른 고민 없이 매주 신선한 제철 채소를 받을 수 있으니 일석이조다. 금요일에 채소가 배달되면 정리해서 냉장고에 넣어 둔다. 그리고 매일매일 그에 맞는 조리법을 생각해서 요리한다. 물론 이외에도 찬장이나 냉장고에 항상 구비되어 있는 재료들이 있다.

식재료 구비 현황
냉동실: 생선(주로 고등어), 정육 닭, 겨란젓, 템페, 치즈(파르미지아노 레지아노 혹은 그라나 파다노), 얼음
냉장실: 버터, 레몬소금, 쯔유, 레몬즙, 마요네즈, 케첩, 미소, 채소 구독 서비스에서 받는 각종 채소들
상온: 간장, 소금 2종(굵은 소금, 가는 소금), 맛술, 건표고버섯, 화이트와인 비니거, 꿀, 올리브 오일, 참기름, 고춧가루, 깨, 후추, 말린 허브(타임, 오레가노, 로즈마리 등), 고형 카레, 치킨 스톡, 굴소스, 파스타 면, 우동 면, 소바 면, 쌀, 마늘

47

연희동 사무실의 주방이 지금 모습을 갖추기까지의 과정부터 재료 구비, 조리 도구 등 전반적인 운영에 관한 비하인드가 담겼다. SHDW 양승훈 디자이너는 그동안 1인분에 익숙했지만 조리 도구나 재료를 4인 기준에 맞춰가는 과정을 재밌게 느꼈다. 혼자 먹을 때 필요한 것보다 좀더 큰 냄비와 팬을 마련하며 달라진 생활을 준비했다. 도구 구비 현황도 자세히 설명되어 있어 오피스 런치를 시도해 보고 싶은 소규모 사무실이라면 참고하기 좋다. 사무실은 미팅 공간으로도 사용하는 까닭에 향이 강한 음식은 피해야 한다. 따라서 파스타나 샐러드처럼 냄새가 오래 남지 않는 메뉴가 대부분인 이유도 여기에 있다. 최근엔 공간 위층에 사는 할머니가 밥해 먹는 젊은이들이 기특하다며 노란 끈으로 가지런히 엮인 조기를 선물로 주셨다. 기쁜 마음으로 받았지만, 냄새 때문에 도저히 사무실에서는 구울 수 없었다. 결국 조기는 양승훈 디자이너의 고향집으로 보내졌다. 이들의 일상을 아는 지인들이 종종 식재료를 사무실에 보내주기도 한다.

재료는 채소 구독 서비스 어글리어스를 이용한다. 채소를 워낙 맛있게 먹는 탓에 3-4인 기준 박스가 삼사일이면 금세 바닥을 보인다. 건강도 추구하고 편리하게 식자재를 구비할 수 있어 유용하게 쓰고 있다. 가끔 사무실을 찾는 손님들과 함께 식사를 할 때도 있는데, 다들 정말 맛있다는 반응을 보인다고. 만족스럽고 즐거운 시간을 매일 누리는 이들이 부러워지는 순간이었다.

네 친구의
도란도란 식탁

즐거운 식탁을 차리는 강아름, 이정은, 양승훈, 이동원 디자이너에게
오피스 런치 생활에 대해 물었다.

못난이 채소 구독 서비스 어글리어스를 알차게 이용하는
것 같았어요. 어떻게 구독하게 된 거예요?
정은 처음 오피스 런치를 할 때 어떻게 장을 볼지를
고민했어요. 그때 아름이가 이 서비스를 알려줬고, 고민을
쉽게 해결할 수 있겠다 싶어 구독하게 됐죠.
승훈 2021년 10월부터 구독해서 지금 120회 차가
넘었어요. 최고 회원 등급인 슈퍼 어니언 등급이더라고요.
정은 특정한 재료가 많이 오면 어떻게 하면 맛있을지
고민해 이렇게도 해보고, 저렇게도 해봐요. 삶의 작은 미션
같은 느낌으로요.
아름 그러다 새로운 메뉴가 개발되기도 해요. 지난번엔
무가 많이 와서 구워 봤는데, 친구들이 레몬을 뿌리면
맛있을 것 같다는 거예요. 그랬더니 너무 괜찮았어요.
승훈 친구들이 야채 꾸러미를 보고 바로 메뉴를 생각해
내는 게 신기해요. 창의적으로 맛있게 해 먹더라고요.
/ 이번 호 《AROUND》에서 소개한 어글리어스 기사에서
오피스 런치의 이야기를 좀더 살펴볼 수 있다.

체조스튜디오 이정은

이곳에서 보내는 점심시간은 어떤 의미인가요?
승훈 전에 회사를 다닐 때도 이렇게 점심시간을 즐겁게
보냈는지를 생각해 보면 그렇지는 않았던 것 같아요.
그때는 살려고 밥을 먹고, 빨리 일하러 가려고 급히 먹기도
했죠. 지금은 점심 식사가 완전한 환기 역할을 해요.
이 점심시간이 우리에게 소중하다고 느껴요. 바빠서 며칠
바깥에서 사 먹으면 이 순간이 그립더라고요.

같이 해 먹는 요리 중에 좋아하는 메뉴가 있다면요?
승훈 아름이가 만든 겉절이요. 아름이 겉절이 정말
잘하거든요.
정은 (고개를 끄덕이며) 진짜 맛있어요.
승훈 아름이가 프랑스 유학할 때 젓갈 없이 발사믹으로
만들어본 겉절이래요.
아름 거기에는 고춧가루도 없고 젓갈도 안 써서, 있는 걸로

체조스튜디오 강아름

SHDW 양승훈

SHDW 이동원

만들다 보니 발사믹을 넣게 됐어요.

승훈 진짜 맛있어요. 진짜!

/ 강아름 디자이너의 겉절이 레시피는
《Office Lunch》에서 확인할 수 있다.

직접 만든 천연 조미료 레몬 소금이 요리마다 빠지질 않아요. '오피스 런치에 레몬 소금은 어떤 존재다!' 이 문장을 완성해 볼 수 있을까요?

동원 질문을 받고 저희끼리 답변 후보 몇 개를 생각했어요. 그런데 답변이 계속 느끼하게 나와요.

승훈 느끼하다는 말은 '이걸 내 입으로 말했다고?' 싶은 것들이에요.

아름 지면에 실리면 너무 부끄러울 것 같아요(웃음).

그럼 저만 들을게요. (답변을 듣고) 하나도 안 느끼한데요?

동원 이건 담백한 편이에요.

승훈 그다음으로 느끼한 건 뭐뭐랑, 뭐뭐였어요. 적당한 말을 찾지 못해 설명이 길어지면서 느끼한 단어를 선택하게 돼요.

아름 음식에 넣으면 한끗이 달라지고, 늘 구비되어 있는 것. 이걸 표현할 말을 못 찾겠어요. 그게 뭐가 있을까요?

/ 오피스 런치에 '백종원의 설탕'과도 같은
레몬 소금 레시피는 《Office Lunch》에 수록되어 있다.

오피스 런치가 앞으로 어떤 시간으로 자리하길 바라요?

아름 점심시간이 단순히 일과 일 사이에 있는 시간이기보다, 그 자체로 즐거우면서 일의 능률도 올리는, 일과의 연결성을 가진 시간이 되길 바라요. 점심의 목적이 그저 먹는 것에 있지 않고, 식사가 일과 상응하는 관계가 되면 좋겠어요.

남김 없이 구해낸 결실

어글리어스

에디터 차의진
자료 제공 어글리어스

ugly :)s

장을 보러 찾은 마트. 여러 채소를 비교하며 가장 흠이
적은 것을 고르던 그때, 이름 하나가 머릿속을 스친다.
'어글리어스Uglyus'. 못난이 채소를 정기 배송하는 서비스라고
했던가. 어글리어스를 찾아보자 그간 몰랐던 세계가 펼쳐졌다.
당근이 이렇게 생길 수도 있는 거야? 완벽한 외형이 아니면
모두 버려진다고? 놀란 내게 어글리어스가 손 내밀었다.
못난이 농산물을 구출해 함께 지구를 지켜보자고!

그 많은 채소가 버려지는 이유

지금부터 오이를 떠올려 볼까? 대부분 구부러지지 않고 반듯한 모양에, 비슷한 길이의 오이를 머릿속에 그렸을 테다. 마찬가지로 오렌지는 표면이 매끈한 구 모양이, 당근은 통통한 원뿔 모양이 우리에게 익숙하다. 그 이유는 일정한 크기와 형태를 갖춘 채소만이 '정상품'으로 분류돼 유통되어 왔기 때문이다. 흠이 있거나 크기가 작은 작물은 '규격 외 농산물'로 분류돼 버려지거나 가공식품이 된다. 문제는 규격 외 농산물이 전체 생산량의 3분의 1에 달한다는 점이다. 맛이나 선도 면에서 아무 문제가 없지만, 조금 작거나 모양이 익숙하지 않다는 이유로 이들은 폐기된다. 특히 병충해나 기후와 맞서 싸우며 자라 투박한 유기농·친환경 작물일수록 '못난이' 취급을 받는다. 이렇게 버려지는 열매는 폐기 과정에서 온실가스를 배출해 환경 오염을 일으킨다고. 그렇다면 한 해 동안 농부가 정성 들여 지은 수고와 재배를 위해 사용한 물, 비료도 모두 낭비되어 버리는 게 아닌가.

버려질 이유가 없는 존재의 가치를 조명하고자, 어글리어스는 2020년에 첫걸음을 내디뎠다. 못난이 농산물을 합리적인 가격에 거래해 채소 박스를 꾸려, 1주 또는 2주 간격으로 정기 배송해 온 것이다. 각 야채의 사연과 활용 요리법이 적힌 종이 한 장과 함께, 어글리어스는 우리의 현관문을 두드린다. 커뮤니티에서는 각자가 시도한 요리도 공유할 수 있으니, 채소와 함께하는 날들이 더 풍요로워진다. 어글리어스와 발맞춰 걷는 이들은 말한다. 채소는 상품이기 전에, 우리 땅에서 자라나는 생명체라는 사실을 알게 되었다고. 규격화된 작물이 시장을 꽉 채운 장면을 이제는 달리 보게 되었다고. 지구를 돌보며 건강도 지키는 채소 생활은 어글리어스와 함께할 때 좀더 유쾌해진다.

채소를 구하는 원칙

상품 가치가 낮다고 여겨지는 식재료를 훌륭한 상품으로 바꾸는 '푸드 리퍼브 Food Refurb' 서비스는 그간 꾸준히 시도되어 왔다. 그중에서도 어글리어스 서비스가 의미 있는 이유는 농작물을 유통하는 명확한 기준 덕분이다. 이들은 지속가능성을 목표로, 무농약·유기농 채소로 박스를 구성한다. 특히 화학 농약, 살충제를 쓰지 않는 친환경 인증 산물을 먼저 사들인다. 이런 작물에 관심을 두는 일은 우리 땅과 생명을 소중히 여기며, 자부심 있게 채소를 길러낸 농부들에게 건네는 응원과도 같다.

어글리어스를 살피다 보면 '구출'이라는 단어가 자주 등장한다. 사라질 뻔한 농산물을 구해냈다는 의미를 담고 있다고. 이들의 지향점이 단순한 판매가 아닌 상생에 있다는 걸 발견하게 되는 대목이다. 그 시선을 보여주기라도 하듯, 어글리어스는 일시적인 문제로 판로를 잃은 농산물에도 관심을 기울인다. 전해보다 소비량이 줄거나, 구조적인 문제로 작물을 시장에 유통할 수 없다는 소식이 들려오면 농가로 빠르게 달려간다. 갑작스러운 상황에 문 두드릴 수 있는 서비스가 있다는 사실이 농업인들에게는 큰 위로가 되지 않을까.

유통은 어글리어스 팀원들이 현장에 찾아가 생산물을 직접 먹어본 뒤 이뤄진다. 산지와 각 채소의 사연도 투명하게 공개되니, 소비자들은 개성 있는 야채들이 어떻게 배송지까지 당도하게 되었는지 살피고 안심할 수 있다. "크기가 아담하거나 우람해요.", "판로가 필요해요." 박스와 함께 보내주는 종이를 읽다 보면, 멀리서 도착한 생명들이 더 소중하게 느껴진다.

박스는 소비 인원에 따라 스탠다드(1–2인), 점보(3–4인) 중 하나를 선택할 수 있는데, 모든 품목은 최소한으로 포장된다. 플라스틱은 사용은 지양하고 생분해 비닐, 종이 상자, 종이백을 쓴다. 환경을 세심히 고려하는 손길에 나 또한 새롭게 다짐해 본다. 지금 내가 할 수 있는 선에서 지속가능성에 한 걸음 다가가 보자고.

투박한 사과에 숨은 이야기

사과는 어글리어스가 꾸준히 관심을 기울이는 농산물이다. 우리가 흔히 아는 사과는 윤이 나고 상처가 없는데, 완벽한 열매를 키워내기 위해서는 별도의 과정이 필요하다. 크기를 키우기 위해 약품을 뿌리거나, 햇볕을 골고루 받아 선명한 색을 내도록 일회용 반사필름을 나무 아래 깐다. 인위적인 과정을 거치는 만큼 땅 속 생물의 다양성은 줄어들고 폐기물은 쌓인다.

자연이 오롯이 키운 사과는 좀더 투박하다. 해를 덜 받은 부분은 초록색으로 남아 알록달록한 열매가 된다. 병충해를 이겨내고 아문 자국이 남아 있는 모습도 종종 볼 수 있다. 어글리어스는 이런 과실을 오히려 기특하게 여기고, 사과가 품은 상처를 '훈장'으로 바라본다.

> "이 모든 과정을 오롯이 견뎌냈기에 과육이 단단해져 식감도 아삭하고, 당도와 산미도 조화롭게 어우러져 아주 맛있는 사과가 됩니다. 껍질을 벗기거나, 상처 난 부분만 살짝 깎아내면 맛있게 먹을 수 있고, 일부 소비자는 더 맛있다며 이런 사과만 찾기도 해요."

내실 있는 과일이어도 외면받는 일은 부지기수. 그렇게 사과 한 알을 키워내는 데 필요한 물 125리터는 순식간에 낭비된다. 사과즙 등 가공식품으로 재탄생한다고 해도 추가적인 노동력과 포장재가 필요하다. 원물 그대로도 충분히 가치 있는 사과에 관심을 기울여야 할 이유다. 어글리어스는 전국 각지의 친환경 사과를 찾아 나서서, 산지 직송한 상품을 소비자에게 꾸준히 선보이고 있다.

> "물론 농가마다 상황이 제각각이고, 지금의 과일 선별 시스템이 자리한 배경도 있을 겁니다. 그렇기 때문에, 더욱 지금 할 수 있는 일을 하려고 합니다. 당장 많은 것을 바꿀 수는 없더라도 꾸준히 이야기를 들려드리고, 직접 맛 보여드리면서 생김새 때문에 버려지는 농산물을 최소화하기 위해 최선을 다하겠습니다."

버려질 양파 구할 사람!

못난이 농산물을 꾸준히 유통하는 한편, '긴급 구출 프로젝트'를 일시적으로 진행한다. 갑작스럽게 판로를 잃은 농산물이 폐기 위기에 처하면 어글리어스가 두 손을 걷고 나서는 것. 큰 성공을 거둔 프로젝트는 지난 2022년 4월에 일어난 '제주 햇양파 구출'이었다. 제주 서귀포시 대정읍, 비옥한 화산토에서 영양을 가득 머금고 자란 양파는 수확만을 앞두고 있었다. 당해 양파는 엄청난 풍년을 거뒀지만, 양파 가격이 폭락한 데다 수요가 줄어 양파를 수확하는 것이 오히려 농가에 손해인 상황이었다. 품종 특성상 저장도 불가능하니, 농부의 시름은 깊어져 갔다. 소식을 접한 어글리어스는 인스타그램을 통해 적극적으로 제주 햇양파 이야기를 전했다. 그러자 소비자들은 구출에 적극적으로 동참했고, 결국 양파 17톤을 구해내는 성공을 거뒀다. 소비자들은 작은 힘이라도 보태고, 농민들이 웃기를 바라는 마음에서 관심을 기울였다고. 덕분에 농부들은 땀 흘려 재배한 양파를 판매하고 농가를 지켜낼 수 있었다.

> "한 해 농사를 망쳐버리면 경제적 타격이 정말 심각해요. 생산비 많이 드는 친환경은 더하고요. 이번에도 빚만 지는 친환경 농사, 접어버릴지 고민했죠. 그런데 긴급 구출 프로젝트를 만나 자식처럼 기른 양파가 폐기물로 전락하는 걸 막는 데 큰 도움이 됐어요. 고객님들이 친환경 농가 하나 살린 거예요."
> — 제주 양파 농가 A 농부

긴급 구출 프로젝트는 저마다 사연을 가진 전국 곳곳의 채소에 가닿았다. 이렇게 보니 매주 집 앞에 도착하는 채소 한 상자의 의미가 가볍지 않게 다가온다. 농산물과 농민, 소비자의 건강까지 지키려는 소중한 마음이 그 안에 담겨 있을 테니.

울퉁불퉁 멋진 몸매, 자랑해 볼까?

개성 넘치는 모습으로 사랑스러움 가득 안은 못난이 채소들.
어글리어스 팀원들이 채소마다 이름을 붙이고,
저마다 즐겨 먹는 채소 요리를 소개한다.

1.

2.

1.

스마일 오이
수수 | MD

제철	4월—5월
함께 먹어요	배, 사과, 미역
따로 먹어요	당근, 무

오이는 원래 조금은 구부러진 모양으로 자라는 것이
자연스러운데요. 일교차가 크고 낮 기온이 높을 때 좀더
구부러진 꼬부랑 오이가 많이 나타나요. 쭉쭉 곧게 뻗은
오이가 흔한 요즘, 조금 구부러진 모습도 인정받아 활짝
웃길 바라는 마음으로 이름을 지었어요.

추천 요리
오이 냉면! 오이를 채 썰어 고춧가루, 간장, 식초 등 양념에
살짝 무쳐준 뒤 동치미 냉면 위에 듬뿍 얹어 먹는 게
우리 집 여름 별미예요. 수분 가득한 아삭함과 시원한 오이
맛 때문에 여름을 기다리게 된다니까요.

2.

신데렐라 레몬
오렌지 | PM·디자이너

제철	12월—4월
함께 먹어요	굴, 생강, 시금치
따로 먹어요	고기, 우유

친환경으로 자라며 생긴 거뭇거뭇한 얼룩들이 마치
숯검정이 묻은 것 같지만, 요리에 활용하면 유리구두를
신은 것처럼 멋진 맛을 내요. 겉모습으로 속단하는 것은
금물! 우리 땅에서 자라 더 상큼하고 맛있어요.

추천 요리
원래 레몬을 별로 좋아하지 않는다고 생각했는데, 주키니
레몬 파스타를 먹고 레몬의 매력에 흠뻑 빠졌어요. 상큼한
감칠맛을 떠올리니 입에 침이….

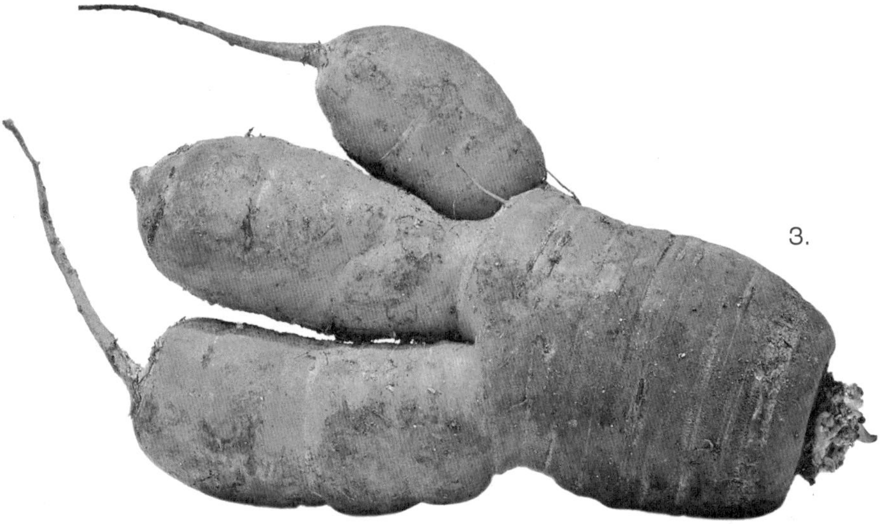

3.

4.

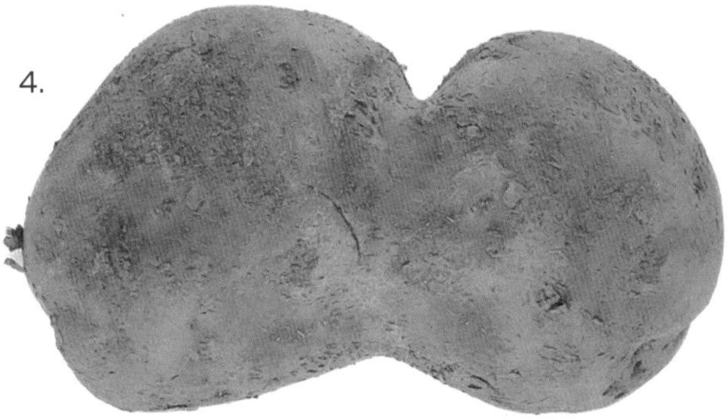

3.

로켓 당근
성현 | 브랜드 마케터

제철 9월—12월
함께 먹어요 레몬, 사과, 식용유
따로 먹어요 무, 식초, 오이

추진력을 얻어 힘차게 날아갈 것 같은 당근, 밭에서 어글리어스로 직진! 특히 제철에 먹는 햇당근은 그 맛에 눈이 번쩍 뜨여요. 한번 맛있는 당근을 맛보면 모양은 더 이상 중요하지 않더라고요. 어글리어스의 당근을 맛본 분들도 똑같이 느끼셨으면 좋겠어요!

추천 요리
생으로 먹고 싶을 땐 당근 라페, 부드럽게 익힌 단맛을 느끼고 싶다면 버터구이로 즐겨요. 올록볼록한 모양, 혹은 작은 크기에 응축된 특유의 단맛을 즐기기에 가장 좋거든요.

4.

88한 감자
경민 | 프론트엔드 개발자

제철 6월—10월
함께 먹어요 달걀, 버터, 양파, 우유, 치즈

자기에게 맞는 모습으로 꿋꿋하게 자란 모습이 귀엽고 기특하지 않나요? 그 모습 자체로 팔팔한 생명력이 느껴지기도 하고, 숫자 8과 비슷하게 생겨 중의적인 이름을 지어줬어요. 채소를 고를 땐 생김새보다 신선함 그리고 맛에 주목해 주세요!

추천 요리
감자는 뭐니 뭐니 해도 쪄 먹는 게 제일이죠. 설탕 파? 소금 파? 신선하게 잘 자란 감자는 그냥 찌기만 해도 은은한 단맛이 나더라고요.

오피스 런치는
어글리어스를 좋아해

이번 호 《AROUND》에서는 체조스튜디오Chejo Studio와 SHDW가 사무실에서
점심을 요리해 먹는 '오피스 런치'를 소개했다. 오피스 런치 팀은 장보기의
수고로움을 덜기 위해 어글리어스 채소 박스를 받아보기 시작했고,
어느덧 구독 120회 차가 넘기에 이르렀다고. 네 친구들은 채소 꾸러미를 살핀
뒤 그에 맞는 조리법을 생각해 요리하고, 남은 채소로는 독창적인 조합을 고안해
재미난 식사를 만든다. 이들의 이야기를 담은 레시피북 《Office Lunch》에 수록된
요리 두 가지를 소개한다.

©체조스튜디오, SHDW

금귤 당근 라페
당근을 색다르게 먹고 싶은 날

"당근 라페를 제철 금귤과 섞어 먹으면 맛있을 것 같아
시도해 봤어요. 색이 비슷해서 같이 넣으면
잘 어울리겠더라고요(웃음)."

— 체조스튜디오 강아름 디자이너

"당근은 채 썰고, 금귤은 얇게 자른다. 당근과 금귤을 볼에 옮겨 담고 호두, 올리브 오일,
화이트와인 비니거, 레몬즙, 꿀, 소금, 후추를 넣고 잘 섞는다. 그릇에 옮겨 담고 리코타
치즈, 로즈메리를 올리면 맛도 좋고, 보기에도 좋은 샐러드가 완성된다. 리코타 치즈와
로즈메리는 생략해도 된다."

재료
당근 2개, 금귤 5개,
호두 5알, 로즈메리 2줄기,
리코타 치즈 적당량,
올리브 오일 3큰술,
화이트와인 비니거 2큰술,
레몬즙 1큰술, 꿀 1작은술,
소금과 후추 적당량

©체조스튜디오, SHDW

여름 카레·겨울 카레
감자와 토마토가 많이 온 날

"감자나 토마토가 많이 오면 카레를 해요. 특히 여름엔
오이와 토마토로 만든 살사를 올려 먹어요. 김치 대신 곁들일
새콤한 무언가를 찾다가 발견한 레시피예요."

— 체조스튜디오 이정은 디자이너

"우선 재료를 손질한다. 양파는 얇게 저미고 토마토는 다진다. 감자는 한입 크기로
깍둑썰기 한다. 팬에 버터를 넣고 약불로 녹인다. 버터가 녹으면 양파를 넣고 갈색이
될 때까지 볶는다. 양파가 갈색을 띠면 감자를 넣고 한 번 더 볶아준다. 다진 토마토, 물,
치킨스톡을 넣고 감자가 익을 때까지 중불로 끓인다. 그동안 카레와 곁들여 먹을 토핑을
준비하고, 완성되면 카레 냄비를 확인한다. 감자가 잘 익었다면 고형 카레를 넣고 잘
풀어준다. 강불에 넣으면 용암처럼 뿜어져 나올 수 있으니, 꼭 약불로 줄인 뒤 넣어야
한다. 카레가 잘 풀어졌다면 불을 끈다. 접시에 밥을 담고 카레를 부은 뒤, 만들어 둔
토핑을 올리면 완성이다."

여름 카레 토핑
여름 카레의 토핑은 잘게 썬 오이와 토마토에 올리브 오일, 레몬즙, 화이트와인 비니거,
소금, 후추를 넣고 버무리면 끝이다.

겨울 카레 토핑
겨울 카레의 토핑도 간단하다. 대파는 4센티미터 정도로 자르고, 단호박과 연근은 얇게
저민다. 팬에 오일을 살짝 두르고 채소를 노릇하게 굽는다. 소금과 후추를 뿌리는 것도
잊지 말자.

재료
고형 카레 115그램,
물 700밀리리터,
완숙 토마토 2개, 양파 1개,
감자 500그램, 치킨스톡 1알,
버터 50그램

아무도 알려주지 않았다. 달걀은 모서리에 치기보다 둥근 바닥에 부딪혀야
깔끔하게 깨진다는 것, 가지는 색깔이 너무 진하지 않은 게 좋지만 오이는
진한 편이 신선하다는 것. 그 밖에도 감자, 양파, 두부, 토마토, 닭고기….
미처 특별함을 발견하기도 전에 익숙함이라는 냉장고에 보관되는 식재료에
대해 잘 몰랐다. 15년 차 음식평론가인 이용재는 평범한 일상에서 만나는
재료들의 안부를 살폈다. 같은 재료라도 더 맛있게, 더 알맞게 조리하는 법을
기꺼이 풀어둔다. 그의 말처럼, 알고 나니 더 맛있다.

알고 먹으면 더 맛있는 법

이용재—음식평론가

에디터 이명주

포토그래퍼 김혜정

작년 말 《맛있는 소설》이 출간되었죠. 이후로 어떤 일상을 보내고 계세요?

연말연시에 복잡했던 일들을 차근차근 정리하고 숨 고르기 하는 시간을 보내고 있어요. 책을 쓰는 와중에도 단편적인 마감을 치른 터라 휴식이 필요했거든요. 뜨개질로 니트를 만들어보고 아침은 시리얼이나 빵으로, 점심과 저녁은 직접 만들거나 외식을 하며 충실한 '생활 요리인'으로도 지내고 있어요. 이제는 슬슬 올해 해야 할 일들에 시동을 걸어보려고요.

먼저 《맛있는 소설》 이야기를 해보고 싶어요. 소설 속에 등장하는 음식을 사회문화적 그리고 개인적으로 탐구하는 책이더라고요.

맞습니다. 지금껏 저의 요리 관련 도서들은 음식 비평과 자가 조리를 위한 가이드, 두 갈래로 나뉘어 출간되고 있어요. '책에 대한 책'은 두 갈래의 작업이 지겨워질 즈음 기분 전환을 위한 비장의 카드로 남겨두었던 거죠. 작업에 걸린 시간을 앱에 기록해 두는데요. 《맛있는 소설》은 2021년 5월부터 시작해서 이듬해 말까지, 190시간가량 투자해서 완성했네요.

《작은 아씨들》, 《노인과 바다》, 《아메리카나》, 《82년생 김지영》…. 고전부터 현대 소설까지, 소재가 된 도서의 폭이 넓은데요. 어떤 기준으로 고른 건가요?

목록의 반 정도는 어릴 때부터 자주 읽은 책이에요. 넉넉한 집안은 아니었지만 부모님이 책을 많이 사주셨어요. 맞벌이를 하는 부모님이 집을 비우면 할 일이 라디오 듣기나 책 읽기뿐이었죠. 간단히 무얼 해 먹든가요. 초등학교 5학년 때 중·고등학생이 읽는 '세계문학전집'을 사주셨는데 새로운 세계가 열린 것 같은 기분이 들었어요. 그때 읽은 《노인과 바다》 같은 고전을 세월이 흐른 후에 다시 조망해 보고 싶은 마음에 골랐죠. 좋은 책은 10대, 20대 혹은 그 이후에 읽을 때마다 다른 느낌을 주니까요. 《82년생 김지영》은 우리 일상과 가까운 이야기라서, 《아메리카나》는 제가 미국에 살다가 한국으로 돌아와서 느꼈던 혼란과 고민을 빼닮아서 고르게 되었어요.

식사를 준비하는 마음으로 소설 속 음식을 탐구했다. 각 작품이라는 중심 식재료, 혹은 요리를 중심으로, 식사라는 총체적 경험이 충만해지는 걸 염두에 두었다. 소설이 재료라면, 그에 잘 어울리는 조리법이나 요리 양식을 찾았다. 이미 요리된 상태라면 맞는 집기 등을 준비해 식탁을 아름답게 차린다는 느낌으로 접근했다.

— 이용재, 《맛있는 소설》 중에서

"식사를 준비하는 마음으로 소설 속 음식을 탐구했다." 라는 소개가 어떤 의미인지 궁금했어요.

중심은 '즉흥성'이에요. 예를 들어 마트나 시장에 갈 때 사야 할 걸 정리하지 않았다면 눈에 들어오는 재료들을 보며 메뉴를 떠올리잖아요. 그처럼 소설 속에 등장하는 음식이나 재료뿐 아니라 식문화까지 폭넓게 보고 다양하게 담고 싶었어요.

그야말로 글을 차려낸 거네요. 가장 기억에 남는 소재가 있다면요?

무라카미 하루키의 작품 세계를 음식으로 둘러본 꼭지가 떠올라요. 하루키는 음식 묘사가 뛰어난 작가라고 생각해요. 에세이에서는 자신의 기호를 나타내는 방식으로, 소설에서는 무언가를 드러내기 위한 장치나 도구로 음식을 활용하죠. 문제는 그의 책을 전부 읽어야 하는 거였어요. 작품 세계를 흡수한 뒤 빠르게 글을 써야 하는데, 워낙 방대하다 보니 읽는 동안 다 까먹는 거죠(웃음). 결국 정공법이 답이구나 싶어서, 음식이 나오는 모든 구절에 인덱스 스티커를 붙이고 제목과 페이지 수를 기록해 정리했어요. 어려운 맘에 끝까지 미뤄두고 부단히 애를 쓴 소재지만, 하루키가 없었다면 책의 등뼈가 빠진 것처럼 느껴졌을 거예요.

《맛있는 소설》은 요리 위에 감상이 더해졌다면, 《오늘 브로콜리 싱싱한가요?》는 요리 위에 요령이 더해진 책 같아요. '무던한 식재료' 이야기를 하고 싶었다고요.

평범하고 익숙한 재료를 조금만 알면 더 맛있게 요리할 수 있거든요. 어제는 트위터에서 블루베리 머핀 반죽 사진을 봤어요. 반죽 위에 블루베리를 올려두었던데, 그 상태에서 섞으면 워낙 연한 열매라 다 터져버려요. 블루베리 머핀이 스머프가 되어버리는 거죠.

어머나!

그러니까 그걸 막으려면 블루베리를 한 30분 정도 냉동실에 얼려 쓰면 되거든요. 우리는 달걀이나 소금, 과일과 채소처럼 일상적인 재료들을 너무 편하게 생각해서 알맞게 활용할 수 있는 방법을 모르고 지나가는 것 같아요. 미시적인 접근에서만 머무는 거죠. 너무나 친숙해진 식재료도 다시 보면 많은 사람들이 더 맛있게 먹기 위해 충분히 연구해 두었어요. 저는 그런 자료들을 20년 넘게 찾아보고 실천해 봤기 때문에, 조리 요령을 더 많이 알리고 싶어서 쓴 책이 《오늘 브로콜리 싱싱한가요?》예요.

재료를 더 알맞게 사용하는 법을 알려준다는 건 결국 요리를 해야 한다는 의미인가요?

이 책을 발판 삼아 궁극적으로 '자가 조리'를 독학하는
방식에 대한 가이드를 전하고 싶어요. 저는 '밥'이 사회적인
문제로 떠오르고 있다고 생각해요. 예를 들어 밥을 못
하는 남자들이 많은데, 노인 복지의 일환으로 혼자
사는 어르신들에게 반찬을 나눠주면 할머니들은 다음
반찬이 올 때까지 관리를 잘하지만 할아버지들은 무척
어려워하신대요. 즉 조리라는 건 기술의 범위가 아니라
일종의 생존 요령이라는 말이죠. 식재료 다루는 법을 아는
게 삶을 꾸려나가는 요령이 쌓이는 것과 같은 거예요.
시간과 노력을 들이면 누구나 할 수 있는 행위이기에 제가
알고 있는 걸 축약된 지식과 정보로 전하고 싶어요.

**책에서 가장 좋아하는 식재료로 단연 마늘종을
꼽으시더라고요.**

푸릇한 채소의 싱싱한 맛이 상상돼요. 봄에는 수분이
많은 오이도 맛있겠어요.
오이도 마늘종만큼 좋아하는 재료인데, 발효된 오이의
익은 맛을 좋아해요. 발효라고 하면 김치를 먼저 떠올리실
텐데, 오이소박이는 이름처럼 채소를 갈라 소를 박는
과정이 번거로워서 잘 안 하게 돼요. 대신 썰어서 절인
오이를 한꺼번에 버무려 김치를 담가 먹어요. 이때 중요한
건 오이를 뜨거운 물에 살짝 데쳐야 뭉크러지지 않는다는
점이에요.

**그러고 보니 책의 많은 분량을 채소가 차지하던데요.
특별한 이유가 있어요?**
대체로 생채소를 먹어야 좋다고 생각하시는 것 같아요.
그런데 날것으로 먹으면 많이 먹기가 힘들어서 간단한

혹시 마늘'쫑'이 아니라 마늘'종'인 거 아셨어요? 마늘쫑이
더 맛있는 느낌이 드는 말이에요(웃음). 저는 봄이
오면 가장 먼저 마늘종 생각이 나요. 겨울에 마트에서
중국산을 봤는데 여러 번 살까 말까 고민했지만 결국
내려놨어요. 그건 배신이거든요. 국산 마늘종은 향이 솔솔
나서 생으로 먹어도 맛있어요. 언젠가 용인에서 유명한
들기름 막국수집에 갔다가 나오는데, 주차장에서 플라스틱
테이블에 대충 마늘종을 넣어두고 파는 분을 만났어요.
보통 2,500원 정도 하는 마늘종을 말도 안 되는 가격인
8,000원에 팔고 있는데 맛있겠다는 직감이 오더라고요.
'아, 이걸 놓치면 나 평생 후회한다!' 싶어서 얼른 사고
돌아오는 길에 생으로 향긋하게 먹었죠. 아주 우연한
계기에 좋은 식재료를 발견하면 삶에 감사하는 마음이
들어요.

방식으로 조리해 주는 게 좋아요. 한국에서는 아쉬운 게
의외로 채소가 다양하지 않아요. 가지나 당근은 한 가지,
오이는 많아야 두 종류가 취급되고 있거든요. 식재료가
단순해지고 있어요. 게다가 세계적으로는 지구온난화가
심해지면서 재배지가 뒤바뀌고 있잖아요. 이미 경북에서
바나나가 자라니, 곧 서울에서는 망고가 날지도 모르죠.
먹을 수 있는 것들에 대한 제한이 점점 더 커질 거예요.

**다양하고 좋은 식재료를 구할 만한 장소가 많지 않다는
것도 아쉬운 부분이에요.**
솔직히 말씀드리면 제 마음에 드는 식재료는 백화점
식품 코너에 있어요. 신선도나 선택할 수 있는 다양성이
좀더 낫거든요. 그런데 이곳마저도 신선 식품이 점점 더
줄어들고 있어요. 물가는 비싸지고 채소를 먹으려면 그저

그런 선택을 해야 하고, 신선 식품의 자리는 수입 과자들이 채워버렸죠. 온라인 식재료 마켓도 상황이 크게 다르지 않고요. 식사는 언제나 최소한의 노력을 들여 최대한의 결과를 얻는다는 생각으로 접근하지만, 요즘은 참 여러모로 밥 해 먹기 어렵다는 생각을 해요.

그래도 장 볼 때 알아두면 좋을 만한 팁이 있을까요?
기본 식재료를 갖춰두고 나머지는 필요에 따라 때맞춰 구입하는 게 좋아요. 예를 들어 냉동 보관이 쉬운 고기 종류, 일상에서 자주 쓰이는 달걀이나 참치 등을 갖춰두고 일주일에 한두 번씩 채소 한두 종류를 사보세요. 준비된 기본 아이템들을 생각하며 머릿속에서 떠오르는 조합을 만들어보는 거예요. 오늘은 냉장고에 무가 있는데 무생채를 할까, 반은 국을 끓여 먹을까…. 저도 20년 넘게 요리를 해도 아직도 맛없는 재료들을 살 때가 있어요. 얼마 전 말린 나물을 한 보따리 샀다가 먹지도 않고 어쩌나 싶죠(웃음).

쉬운 일이 아니네요(웃음). 식재료를 골랐다면 맛있게 먹는 법도 알아야 할 텐데요. 레시피에서 주재료만 떠올리곤 했는데 조미료도 아주 중요한 요소더라고요.
조미료는 다다익선이에요. 다양할수록 풍미를 더욱 올려주고 감칠맛도 살려주거든요. 식초도 양조 식초, 와인 식초, 애플 사이다 식초, 흑식초처럼 다양하고 소금도 간을 하는 데 쓰거나 고기에 얹어 먹는 게 따로 있어요. 소금은 생각보다 좀더 넣으면 간이 화사하게 살아나는 지점을 만날 수 있다는 게 저만의 팁이랍니다. 조미료는 한꺼번에 세트처럼 사면 재미없으니까, 요리 실력을 늘려가면서 새로운 도구를 사용해 보듯 모으는 걸 추천해요.

> 노래방에 가서 노래를 부르면 왠지 더 들어줄 만하다. 반주도 한몫하지만 핵심은 마이크 걸려있는 리버브다. 목소리에 울림과 잔향을 더해 궁극적으로는 촉촉함을 보태줌으로써 내 목소리는 물론 노래 전체가 더 그럴싸하게 들리게 해준다. 감칠맛은 말하자면 맛에 걸어주는 리버브다. 그 자체의 맛이 없지는 않지만 다른 네 가지 맛(단맛, 짠맛, 신맛, 쓴맛)을 북돋아줘 음식과 맛의 경험 전체를 훨씬 더 만족스럽게 승화시켜 준다. 따라서 감칠맛을 이해하고 쓰기를 두려워해서는 안 된다.
> — 이용재, 《오늘 브로콜리 싱싱한가요?》 중에서

애매모호하게 느껴지는 감칠맛을 노래방 마이크의 '리버브Reverb'로 빗댄 게 재밌었어요.
제가 취미로 전자 기타를 치는데 리버브라는 이펙터가 있어요. 리버브가 있어야지만 우리가 듣는 소리에 공간감이 생기거든요. 눈에 보이거나 명확하게 감각되지 않아서 존재가 없는 것 같지만 입체감을 만들어주는 부분이 감칠맛과 닮았다고 생각해서 쓴 표현이에요.

주관적인 성격이 강한 맛을 글로 표현하는 일이 쉽지 않을 것 같아요.
이전에 독학으로 요리를 배우면서 레시피를 다양하게 읽어봤고, 미국에서 지낼 때는 하루 종일 식사부터 디저트까지 혼자 만들어본 적도 많아요. 해외 요리 서적들을 번역하기도 했고요. 그러다 보니까 자연스레 레시피의 규율이 머리에 입력되어 있어요. 경험한 걸 글로 써야 할 때는 머릿속에서 입력된 장면이 보여주는 길을 따라가면 돼요. 채소 볶음을 예로 들면, 기름을 팬에 어느 정도로 둘러서 언제까지 달구고, 채소를 어슷하게 썰어 넣어 얼마간 볶는다는 길이 보이니까요. 아주 가끔은 어려울 때도 있는데 먹고 쓰는 일이 직업이라면 이 정도는 해야 한다고 생각해요.

이탈리아 요리의 바이블이라고 불리는 《실버 스푼》 등 다수의 요리책을 번역하셨는데요. 다른 식문화권의 책을 번역할 때 중요하게 생각하는 부분이 있나요?
낯섦을 최대한 걷어내야 한다는 거예요. 두 가지의 낯섦이 있을 텐데요. 첫째는 요리책이 낯설지 않도록, 읽는 사람들에게 조리 과정이 시각화가 될 수 있도록 차근차근 정리를 해줘야 하고요. 둘째는 필요 이상으로 더 낯설게 만들면 안 돼요. 흔히 사용하는 '슬라이스Slice'라는 단어에는 단순히 써는 것만이 아니라 햄 같은 걸 얇게 저민다는 의미도 있어요. 앞뒤 문맥에 따라 어느 쪽 방식인지 번역해 줘야 하는데 곧장 '슬라이스하다'로 쓰더라고요. 의미가 불분명한 단어 선택인 거죠. 그리고 '숏 립Shot Rib'이라는 고기 부위를 갈비라고 번역하지 않고 굳이 그대로 쓰기도 하고요. 그걸 본 누군가는 갈비를 눈앞에 두고 숏 립을 찾느라 헤맬지도 모르고, 간단히 할 수 있는 요리가 더 낯설어질 거예요. 그런 방식의 번역은 피해야 해요. 반대로 좋은 예시도 하나 떠오르는데요. 소설 《나를 찾아줘》에서 '브뤼셀 스프라우트'라는 작은 양배추가 등장하는데, 그 채소를 '방울양배추'로 옮겼다고 해요. 모양과 명칭이 직관적이라 이해하기 쉽고 이제는 모두가 그 낯선 재료를 방울양배추라는 이름으로 부르고 있죠. 좋은 번역이라고 생각해요.

식재료를 가운데 두고 일과 일상, 문화까지 둘러보고 있는데요. 문득 작가님은 어떤 음식을 '맛있다'고 느끼는지 궁금해요.
맛있는 음식은 내재적인 균형이 알맞아야 해요. 균형이란 우리가 알고 있는 단맛과 짠맛, 신맛, 쓴맛이 전반적으로 이루는 조화도 있겠지만 각각의 재료가 가진 균형도 있다고 생각해요. 지금 테이블에 놓인 커피를 생각해 볼까요? 산미가 많은 원두에서 내린 커피라 신맛과 쓴맛이 나는데, 그 안에 과일의 향과 단맛이 숨어 있기도 하죠. 컵이 시스템이라고 말한다면 그 안에서 맛이 어떻게 균형을 잡고 있는지가 맛있는 음식을 만드는 것 같아요.

작가님의 식사 시간을 들여다보고 싶어요. 쉬는 날, 점심 메뉴를 정해야 한다면 무얼 드실래요?
음, 오늘 상태의 냉장고라면 지난주에 장을 보고 아무것도 못 만들어서 쓰지 못한 재료가 많을 거예요. 브로콜리도 있고 알배추도 있으니, 일단 브로콜리를 데치고 간만에 카레도 끓여 먹을 것 같아요. 그거 두 가지면 점심으로 충분할 듯싶네요. 끼니를 위한 요리는 30분 안으로 해결하곤 하거든요. 도마를 쓸 일이 있을 때는 키친타월을 적셔서 짠 후에 밑에 깔아두는 게 습관이에요. 아 참, 그리고 요리할 때 꼭 노래가 필요해서 인디 락 장르로 플레이리스트를 채워두었어요. 이후에 해야 할 작업이 있다면 간식으로 당근이나 92퍼센트 다크 초콜릿을 먹을래요. 생각보다 되게 맛있거든요.

요즘에는 밥 먹는 게 귀찮아서 알약 하나로 대신하면 좋겠다는 사람들도 있던데요?
아유, 저는 절대 안 해요(웃음). 아무 맛도 의미도 없는 것보다 제대로 차려낸 한 끼를 먹는 게 좋아요. 먹고 맛을 느끼는 일에서 즐거움을 얻고요. 직접 음식을 만드는 게 아니라 누군가의 요리를 사 먹거나 나눠 먹는 것도 좋아요. 좋은 음식을 만든 사람들의 공이 있는데, 그걸 내가 얻는다면 참 행복한 일 아닌가요?

그럼요. 저도 아무리 귀찮더라도 알약 한 알은 그다지 내키지 않네요(웃음). 작가님은 먹는 일의 의미와 가치를 잘 아는 분 같아요.
사실 저도 가끔씩 생활인으로서 밥 하는 게 지긋지긋할 때가 있어요. 농담 삼아 다른 사람이 해주는 밥 좀 먹었으면 좋겠다고 말하거든요. '집밥예찬론자'는 더더욱 아니기에 어느 누가 '나는 절대로 죽어도 요리 못 해!'라고 생각한다면 억지로 설득할 마음이 없어요. 다만 내 삶을 내가 더 주도한다는 감각으로 요리해요. 음식에 대한 감각, 재료를 보는 안목, 일상을 챙기는 힘을 얻기 위한 행위인 거죠. 그리고 칼을 쓰고 불도 다루면서 그 순간에 집중하다 보면 스트레스를 푸는 데 도움이 되고요. 끼니를 위한 음식이 아닌 베이킹을 한다고 치면 뭔가 기술을 연마하는 느낌도 든답니다.

식재료 하나로 풀어낸 긴 대화가 거의 마무리되었어요. 이제 함께 망원시장에 가보기로 했는데, 자주 가는 가게가 있어요?
망원시장은 재미있어요. 요즘에 시장이 많이 없어지고 있어서 아쉬운데, 여기는 현대적으로 꾸며두고 관광객과 주민들로 북적이는 분위기라 좋아해요. 우선 시장 입구 쪽 청과 가게에 들러 딸기 같은 과일을 좀 둘러보려고요. 자주 가는 만두 가게에도 가고 야채 가게에서 콩과 풋마늘도 살 거예요.

장바구니도 잊지 않고 챙겨 왔으니 그럼 가볼까요?
좋아요!

숫자로 보는 요리

우리 주변에서 흔히 구할 수 있는 재료들을 더욱 알맞게 조리하는 법을 소개한 음식평론가 이용재의 책《오늘 브로콜리 싱싱한가요?》. 그는 경험과 탐구를 거듭하며 평범한 하루의 끼니를 맛있게 채워나가는 사람이다. 아래 내용은 그가 저서를 통해 독자들에게 소개한 '숫자로 보는 요리 팁'이다. 과학적인 데이터를 바탕으로 완성된 요리책의 핵심인 수치 정보 가운데 요긴한 것을 한데 모았다.

-18 / 4

차례대로 냉동실과 냉장실의 적정 온도. 시원찮다 생각이 든다면 온도계로 확인해 보자. 참고로 물이 끓는 것은 100도, 얼음이 어는 온도는 0도다.

1000:35

세상에서 가장 간단한 오이 발효 피클의 물 대 소금 비율. 오이를 썰어 유리병이나 플라스틱 밀폐 용기에 담고 끓는 물 1000밀리미터에 소금 35그램을 타서 붓는다. 뚜껑을 덮어 상온에서 하루 이틀 두면 국물이 탁해진다. 익기 시작한 것이니 그때부터는 냉장 보관하고 조금씩 꺼내 먹는다.

3:1

프랑스의 대표적인 소스 중 하나로 꼽히는 비네그레트의 기름 대 산의 기본 비율. 소금과 후추, 마늘 등을 넣어 보다 세밀하게 맛을 조정하지만 우선 기름과 산의 비율만 맞춰준다면 드레싱의 농도와 맛의 큰 그림은 제대로 그릴 수 있다.

-1

스테이크를 맛있게 굽는 요령. 한 면을 굽고 뒤집은 다음 앞면보다 1분 덜 구워야 속까지 균형이 맞게 익는다. 덧붙여 구운 스테이크를 휴지(레스팅)할 때는 5분에서 10분 정도가 적당하다. 조리 열 때문에 수축된 고기의 근섬유가 수분을 머금게 되어 육즙을 덜 잃는다.

6:30

가장 맛있게 달걀을 삶을 수 있는 시간. 냄비에 달걀을 담고 찬물을 잠기도록 부어 불에 올린 뒤 끓기 시작하면 끄고 그대로 둔다. 6분 30초 뒤 건져 찬물에 담갔다가 껍데기를 깐다. 달걀흰자는 야들야들하고 달걀노른자는 가운데가 살짝 덜 익어 부드럽고 목이 메지 않는다.

7-9 / 9-10 / 11-13.5

차례대로 박력분, 중력분, 강력분의 단백질 함유량을 퍼센트로 나타낸 숫자. 숫자가 커질수록 반죽을 만들었을 때 질겨진다. 셋 중 부엌에 한 가지만 갖춘다면 단연 중력분이다. 쓰임이 다양해 쿠키부터 수제비, 빵까지 두루 만들 수 있다.

또렷한 주제와 목적 아래 식탁을 차리는 네 사람을 만났다. 음식을 통해 삶을 더욱
풍요롭게 살아내며 타인과 연결되는 법을 전하는 이들은, 각자의 자리로 낯선 이를 불러
모은다. 후암동삼층집 진민섭부터 커뮤니티 메이커 다와, 아워플래닛의 장민영·김태윤과
생활기술전수자 정다정까지. 이들이 일으킨 기분 좋은 내음에 나도 모르게 이끌렸다. 식탁 앞에
마주 앉은 네 사람이 입을 열어 이야기를 실어 보내자, 비로소 특별한 한 끼가 완성되었다.

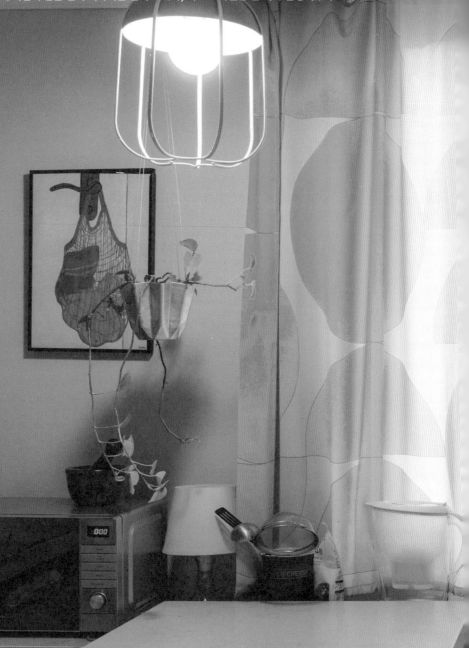

특별한 식탁으로 초대합니다

에디터 차의진

포토그래퍼 김혜정

제철 요리의 식탁

진민섭   **후암동삼층집**

특별한 식탁으로 초대합니다

입춘에는 겨우내 얼어붙은 공기에 훈기가 돌고, 봄비가 내리는 곡우에는 가벼운 비가 땅을 적신다. 계절의 변화는 이토록 미묘하고 정확한 것이라서, 작물은 계절의 시침을 바라보며 적절한 시기에 나고 자란다. '후암동삼층집'으로 활동하는 진민섭은 재료가 가장 맛있을 때를 기다려 제철 요리를 만드는 크리에이터다. 영상과 책, 이제는 공간으로 계절 생활의 풍요로움을 알리는 그의 사계는 즐거움으로 빼곡하다.

초대해 주셔서 감사해요. 제철 식재료 이야기를 전하는 후암동삼층집에 들어오게 됐네요.
반갑습니다. 제가 직접 고른 색으로 페인트칠하고 꾸민 공간이에요. 다양한 계절처럼 다채로운 색과 오브제들로 계절감을 담으려고 했죠.

정성을 들인 만큼 곳곳에 눈길이 가요. 민섭 씨는 "계절의 맛을 따라가다 보면 한 해가 지루할 틈이 없다."는 캐치프레이즈와 함께 활동하고 있죠. 제철 요리를 즐기느라 바쁜 일상이 어떤 모습인지 궁금했어요.
집에 들어오면서 보셨을 텐데, 여기 '술장'이 있어요. 봄에는 금귤, 여름에는 청귤, 가을엔 무화과, 겨울엔 유자. 이렇게 철에 맞는 과일이나 채소로 술 담그는 걸 좋아해요. 술장에 사계절이 모두 존재하는 거죠. 달마다 무얼 먹을지 생각하는 것만으로도 너무 바빠요(웃음).

우와, 때에 맞는 음식을 찾고 만들다 보면 사계를 풍성히 느낄 수밖에 없겠는걸요?
그렇죠. 사람들은 보통 계절 변화를 옷으로 느껴요. 겨울이 되면 '패딩을 입어야겠다.', 봄이 되면 '트렌치코트를 꺼내볼까?' 이런 식으로요. 그런데 저는 계절을 음식으로 알아채기 때문에 한 철을 좀더 촘촘히 느끼는 것 같아요. 예를 들어 같은 봄이라도 3월 초에는 땅두릅이나 냉이가 나오고, 꽃이 피는 완연한 봄에는 아스파라거스나 완두콩이 나오거든요. 그래서 봄도 초봄, 봄과 여름 사이, 늦봄처럼 세밀하게 느낄 수 있어요.

봄 안에도 이렇게 다양한 변화가 있었다니! 제철 음식에는 어떻게 관심을 두게 된 거예요?
요리를 업으로 삼을 거라고는 생각 못 했어요. 평소 요리에 관심이 많아서 F&B 관련 기업에 들어가고 싶다는 정도만 생각했죠. 그런 회사에 가려면 기본 요리 지식을 터득해 놓는 게 도움이 되겠다 싶더라고요. 그래서 'SK 뉴스쿨'이라는 1년 과정의 요리 학교에 다녔는데요. 힘들게 요리를 배워보니 제대로 된 레스토랑에서 일을 해보고 싶어졌어요.

그렇게 일하게 된 곳이 한식 파인다이닝 레스토랑 '권숙수'였군요.
맞아요. 권숙수 같은 한식 파인다이닝은 계절 작물이 정말 중요한 주제이고, 계절마다 메뉴가 완전히 바뀌어요. 그때 전국에서 공수한 귀한 식재료를 경험하고, 산지에 직접 가보면서 알게 됐어요. 계절마다 재료가 다르구나. 이렇게나 다양한 재료를 느끼는 게 즐거운 일이구나. 그 경험이 지금 후암동삼층집의 발판이 된 거예요.

요리사로서의 경험을 뒤로하고, 지금은 푸드 콘텐츠 크리에이터로 활동하고 있죠. 후암동삼층집이라는 이름으로 내디딘 첫걸음, 유튜브는 어떻게 시작하게 된 거예요?
레스토랑을 지나 여러 F&B 회사를 거쳤는데, 다니던 회사가 조금 안 맞았어요. 새로운 도전을 하고 싶었는데, 마침 주변에서 유튜브를 해보면 어떻겠냐는 이야기가 들려왔어요. 평소에 금귤 정과도 만들고 레몬 술도 담그는 제 일상이 특이해 보였나 봐요. 가벼운 마음으로 2주 만에 이름도 짓고 콘셉트도 다듬어서, 첫 콘텐츠로 '금귤 정과'를 찍었죠.

금귤 정과 콘텐츠는 SNS에서 큰 화제가 되었잖아요. 처음으로 올린 건데, 상당히 놀랐을 것 같아요.
후암동삼층집 소개도 없이 올린 게시물이었는데, 반응이 빵 터진 거예요. 너무 신기하고 재밌었어요. 어릴 때 할머니 댁에서 '낑깡(금귤의 일본식 명칭)'을 먹은 추억을 건드려줬다는 반응도 있었고, 영상미가 좋다는 이야기도 있었어요.

이런 콘텐츠를 통해서 사람들에게 전하고 싶은 건 역시 제철 먹거리가 주는 즐거움이겠죠.
계절에 진심이 되면서부터는 좀더 충만히 살아가는 느낌을 받아요. 때에 맞는 재료로 담근 술이 술장에 꽉 차 있는 걸 보면 계절의 선물을 가득 안고 살았다는 걸 깨닫게 되죠. 또 오감을 깨울 수 있어요. 예를 들어 봄에 냉이 뿌리를 손질하면 강한 향을 맡게 돼요. 이런 걸 느낄 수 있는 게 요리하는 사람들의 특권이라고 생각해요. 좀더 보고, 맡고, 맛보며 오감을 깨우는 경험이 계절을, 그리고 삶을 더

풍요롭게 만드는 게 아닐까 싶어요. 제 활동을 통해서 삶의
즐거움을 하나 더 늘릴 수 있다는 걸 이야기하고 싶어요.

**1년 전에는 레시피 북《오늘 이 계절을 사랑해!》를
출간했어요. 제철 요리를 소개할 때 중요하게 여기는
부분이 있다면요?**
무조건 계절의 재료가 중심이 되는 레시피를 구성해요.
재료의 맛을 살리는 게 중요하지, 엄청 많은 향신료가
필요하거나 주재료보다 부재료기 돋보이지 않도록 했어요.
메뉴를 보면 어떤 재료로 만든 건지 명확히 드러나게
하는 걸 목표로 했죠.

**다채로운 활동을 이어온 후암동삼층집이라, 앞으로의
계획도 기대가 돼요.**
3월 중순에 조식당 '마다밀Madameal'을 열어요.
마다밀은 계절마다 꼭 먹어야 하는 재료로 요리한다는
뜻이에요. 가게를 하고 싶어 이곳저곳을 알아보던 차에,
매거진《Achim》에서 후암동에 '아침 프로비전Achim
Provision'이라는 공간을 만들려고 하는데 그곳에서
조식당을 맡아 운영해달라는 제안이 왔어요. 기쁜
마음으로 수락했죠. 지나다니면서 늘 예쁘다고 생각한
건물에 식당을 낸다니 설레는 마음으로 준비하고 있어요.

마다밀에서는 어떤 음식을 선보이려 해요?
제철 재료가 주인공인 계절 플레이트 일곱 가지를 선보일
거예요. 손님이 그중 다섯 가지를 고르면 음식을 접시에
예쁘게 담아 빵, 커피와 함께 드려요. 이게 '마다밀'이라는
메뉴고요. 오픈샌드위치 '마다 토스트' 그리고 아침에
먹으면 좋을 '마다 요거트'를 준비하고 있답니다.
주말에도 여니 꼭 오세요(웃음).

냉이 된장 리소토

재료(1인분)
냉이 50그램, 밥 1공기,
생크림 1컵, 미림 1작은술,
된장 1큰술, 양파 1/4개, 다진
마늘 1큰술, 페퍼론치노 3개,
올리브 오일 1큰술,
소금과 후추 약간

요리법
팬에 올리브 오일을 두르고 다진 마늘과 양파를 넣어 볶아요.
손질한 냉이를 넣고 숨이 죽을 때까지 볶다가 생크림, 미림,
된장을 넣고 풀어줘요. 생크림이 끓으면 밥과 섞어 소금과
후추로 간을 하고, 매콤한 맛을 원한다면 페퍼론치노를
넣어주세요.

추천하는 사람
요리에 익숙하지 않은 분들이 시도하길 바라요. 냉이를 더
친숙하게 느끼고, 근사한 접시가 생각보다 빠르게 완성된다는
걸 알게 되면 좋겠어요.

뜨개질하는 식탁

다와   커뮤니티 메이커

첫 시작은 대학 전공 수업에서 손뜨개를 배우면서였다. 뜨개가 주는 행복에 빠져든 다와는 '니터Knitter'가 되어, 볕이 잘 드는 후암동 자락에서 보드라운 편물을 뜨며 살아간다. 뜨개로 사람들과 만나고 싶었던 다와는 긴밀히 연결되는 '클로즈니트 클럽Close-Knit Club'을 만들기에 이르렀다. 취미가 구심점이 되었지만, 모임에 빠지지 않는 건 맛있는 식사. 바삐 손을 움직인 니터들은 오늘도 다와의 집에서 먹고 마시며 함께 추억을 엮는다.

집이 정말 예뻐요. 여기는 뜨개 모임 클로즈니트 클럽이 열리는 곳이기도 하죠?

맞아요. 세상에는 뜨개 클래스가 정말 많은데, 어떻게 하면 나만의 색을 가진 클래스를 만들 수 있을지 고민하다 시작했어요. 이름은 친구가 추천한 영화 〈그들이 진심으로 엮을 때〉(2017)의 영제 'Close-Knit'에서 따왔고요. 뜻이 궁금해 찾아봤는데, '긴밀하게 엮이다'라는 거예요. 바로 '이거다!' 싶었죠. 모임에서는 차와 간식을 먹고 마시면서 먼저 어색함을 풀어요. 그리고 네 시간 정도 뜨개질을 하다가 식사하고 헤어져요.

수강이 끝나면 곧장 헤어지는 보통 클래스와 달리, 식사 시간이 있다는 점이 새로워요.

이런 형식을 갖추게 된 데는 제가 가진 추억 때문이기도 해요. 베를린에 갔을 때였는데, 마침 크리스마스 연휴라 할 일이 아무것도 없더라고요. 그래서 친구 집에서 밀크티도 끓여 마시고, 떡국도 해 먹으면서 같이 뜨개질했어요. (포토그래퍼 혜정을 가리키며) 저 친구 집이었죠.

잠깐만요…. 베를린에 사는 그 친구가 혜정 작가님이라고요?

네(웃음). (혜정도 고개를 끄덕인다.) 추운 겨울날 아늑한 집에 모여서 따뜻한 음식을 먹고, 피곤하면 자고…. 그런 편안한 분위기가 정말 좋았어요. 그래서 이걸 한국에 가서도 해봐야겠다 싶었죠. 함께 먹는 데서 오는 따뜻한 무언가가 있잖아요. 우리나라엔 밥정이라는 말도 있고요. 뜨개 모임의 첫인상이 제겐 이런 모습이어서 클로즈니트 클럽에서도 자연스럽게 밥을 먹게 된 거예요.

처음 만나는 사람끼리 식사하면서 어색함은 없는지 궁금해요.

차 마시고 뜨개질하면서 이미 분위기가 살짝 풀어져 있는 상태라, 밥 먹을 땐 오히려 편안하게 대화하게 되더라고요. 오늘 뜬 부분이 얼마나 어려웠는지, 어떤 부분에서 힘들었는지 이야기도 하고요. 제가 진행을 하지는 않고, 자연스럽게 껴 있는 듯한 느낌으로 있어요. 처음에 어디서 오셨는지 정도만 물으면 오신 분들끼리 관계가 형성되거든요. 물 흘러가듯 두는 거예요.

이야기만 들어도 편안한 분위기가 느껴져요. 여긴 참여자가 직접 채식 요리를 가져와야 한다면서요?

네. 클로즈니트 클럽을 시작할 때 채식 중이었는데, 갈 식당이 거의 없는 거예요. 그래서 이곳만은 모두에게 열려 있길 원했어요. 만약 그냥 도시락 싸 오기가 규칙이었다면 사람들이 피자, 치킨처럼 간편한 음식을 가져올 것 같았죠. 저는 평소 그런 식생활을 좋아하지는 않아서 내가 뭘 먹는지 한 번 더 생각해 보고 가져오길 바라는 마음도 있었어요.

원래 채식을 하지 않는 사람은 이곳에서 새로운 경험을 얻어갈 수도 있겠어요.

평소에 잘 먹지 않았는데 이번 기회에 접해보니 좋았다고 말씀하시는 분들이 있어요. "맞네, 이것도 비건 음식이지."라며 채식을 너무 어렵게 생각해 온 것 같다고 이야기하는 분들도 있었죠.

평소 지향하는 식생활에 대해 좀더 들어보고 싶어요.

살아 있는 음식을 먹고 싶다는 생각을 해요. 냉동식품이나 너무 많이 가공되어 죽어 있는 음식은 별로 먹고 싶지 않아요. 가끔 당겨서 먹으면 기분이 좋기도 하지만 그게 일상식이 되면 기분이 안 좋아지는 것 같달까요(웃음).

운영하는 모임으로 '뜨개는 핑계고'를 줄인 '뜨계고'도 있잖아요. 뜨개를 핑계로 먹고 마시는 자리라는 점이 재밌게 다가왔어요.

클로즈니트 클럽을 처음 시작했을 땐 제가 직접 요리를 했어요. 당시 차 내릴 준비에 수업 준비도 하고, 밥도 차려서 설거지까지 하려니 너무 힘든 거예요. 이러다 안 되겠다 싶어 지금처럼 포트럭Potluck으로 바꿨지만요. 저와 오시는 분들 모두 부담을 덜고, 가볍게 와서 맛있는 걸 먹으며 뜨개질하길 바라는 마음에서 시작했어요.

가장 최근에 있던 뜨계고에서는 무얼 했어요?

설날에 함께 모여 떡국을 먹었어요. 이번 연휴는 고향에 내려가지 않고 집에서 지냈는데, 막상 오랫동안 혼자 있으면 사람이 또 심심하잖아요(웃음). 명절 분위기 내면서 떡국 끓여 먹어보려고 급하게 참여자를 모집했어요.

제가 떡국을 내어드리고, 오시는 분들에겐 간식을
가져오라고 했어요. 그때 간식을 진짜 많이 먹은 기억이
나네요. 한국 사람들 1인분 싸 오라고 하면 꼭 2인분씩
가져오거든요(웃음). 되게 재밌었어요, 그날도.

**뜨계고는 설날이나 크리스마스처럼 특별한 휴일에 주로
열리나 봐요.**
크리스마스 때는 같이 뜨개질할 친구를 초대하려고
했어요. 그런데 그럴 거면 모임이 나을 것 같아서 사람들노
모았죠. 케이크도 사 오고 와인도 마셨는데 정말 좋았어요.
혼자서 먹는 것보다 나눠 먹으면 더 맛있으니까요. 특별한
날에 즐거운 경험을 준 것 같아서 저도 기분 좋았죠.
그 기억에 벌써 크리스마스에만 세 번이나 모였네요.

**자리마다 음식이 빠지질 않네요. 다와 씨에게 음식은
어떤 의미인지 궁금해져요.**
사람이 가장 빠르게, 원초적으로 기분이 좋아질 방법은
맛있고 달콤한 걸 먹는 게 아닐까요? 음식은 저를 쉽게
기분 좋게 하는 존재예요. 어떤 자리에서 있었던 일을
다 기억하진 못 해도 같이 먹은 맛있는 음식 하나는 계속
떠오르잖아요. 그래서 클로즈니트 클럽에서도 맛있는 걸
먹어요. 같이 먹으니 또 즐겁고요.

**클로즈니트 클럽에 문 두드리고 싶은 분들은 어떤
마음으로 찾아오면 좋을까요?**
편안한 마음이요. 뜨개와 함께하는 따뜻한 추억을 만들고
싶은 분이라면, 친구 집에 놀러 오는 마음으로 즐기다 가길
바랄게요(웃음).

채소 나베

재료(1인분)
물 500밀리리터,
다양한 채소,
연두 또는 쯔유 1큰술

요리법
채소를 물에 넣고 연두나 쯔유로 취향껏 간을 맞춰요. 여기에
떡과 김가루를 넣으면 맛있는 떡국이 돼요.

추천하는 사람
쌓여가는 채소를 처분하기 어려운 사람에게 추천해요.
활용법을 모르는 재료도 쉽게 요리할 수 있어요.

지속가능한 식탁

장민영·김태윤　　　　　　　　　　　　**아워플래닛**

동식물이 사라지고, 바다가 뜨거워지는 일이 언제부터 우리와 상관없는 일로 여겨진 걸까? 지속가능 미식 연구소 '아워플래닛our planEAT'은 단절된 자연과 사람, 지역과 도시, 생산자와 소비자의 관계를 회복하기 위해 고군분투한다. 그 매개는 다름 아닌 음식. 장민영 대표, 김태윤 셰프의 식탁에는 이 땅의 생명을 극진히 아끼는 진심이, 지구를 위해 기꺼이 나서는 마음이 넘쳐흐른다.

행사 준비가 한창이에요. 오늘 여기 옥인동 아워플래닛의 공간에서 행사가 열린다죠.

민영 지역에서 직접 공수해 요리하거나 어머님들이 만든 반찬을 선보이는 자리예요. 오늘은 연화도의 삿갓조개 간장 조림, 비금도의 거북손 초무침 같은 반찬이 준비되어 있네요. 용기를 가져오면 포장해갈 수 있어요. 저녁에는 다이닝이 있는데요. 이 반찬을 다 차려놓고 제가 모니터를 보면서 각각에 어떤 이야기가 담겼는지를 설명한 뒤, 김태윤 셰프의 요리를 함께 맛본답니다.

아워플래닛은 어떤 곳인가요?

민영 아워플래닛은 지구를 위해 계획한 한 끼가 모여 세상을 바꿀 수 있다는 의미를 담고 있어요. 우리가 먹는 과정에서 나오는 탄소 발생량은 총량의 3분의 1에 육박하죠. 하지만 사람들은 문제를 해결하기 위해 무얼 해야 할지 잘 몰라요. 저희는 지구를 위한 맛있는 식생활을 경험할 수 있는 프로그램을 꾸리고, 각자의 매일을 바꿔가길 권하고 있어요.

이곳에서 다루는 지속가능성은 단순한 친환경과는 다른 것 같아요.

태윤 저희가 전하는 지속가능성은 끊어지거나 희미해지는 관계를 회복하는 일이 핵심이에요. 지금은 도시 생활로 자연과 사람과의 관계가 단절되어서 사람들이 자연 보호를 남 일처럼 멀게 느껴요. 자연과 가까이 산다면 환경을 망가뜨리며 살지는 않을 텐데요. 오늘 소개하는 반찬도 국내 여러 지역에서 전통적으로 먹어왔지만 생소한 것이 많죠. 이런 반찬 문화가 끊어진다면 전통도 사라질 거예요.

민영 친환경, 로컬, 채식, 동물복지, 제로 푸드 웨이스트, 종 다양성 모두가 관계의 회복에 포함돼요. 이것과 관련한 문제들은 모두 자연과 사람, 생산자와 소비자, 도시와 지역의 단절에서 오니까요. 저희는 지역의 다양한 식재료에 관심을 갖는 일이 지속가능성과 연결돼 있다는 이야기를 들려드리고 싶은 거예요.

두 분의 삶이 어떻게 지금의 활동으로 이어진 거예요?

민영 전에는 한국 전통 음식을 공부하는 학생이었어요. 어떻게 하면 공부한 음식을 다 먹어볼 수 있을까 해서 요리

교양 프로그램 〈한국인의 밥상〉 팀에 작가로 들어가게 됐죠. 그 이후로 꾸준히 음식에 관심을 갖다가 태윤 셰프를 만났어요.

태윤 저는 예나 지금이나 요리사인데요(웃음). 요리를 하다 보니 재료의 기원이 궁금해지더군요. 산지에 직접 찾아가 농부를 만나 환경이나 동물의 희생을 최소화하는 방법으로 기른 생산물이 좋은 맛을 낸다는 걸 알게 됐어요. 요리사는 그 사실을 전하는 전달자 역할까지 해야 한다는 생각에 이르렀고요. 압구정동에서 운영한 레스토랑 '이타카'에서도 지속가능성을 모토로 활동을 했다가, 함께 아워플래닛을 만들었죠.

아까 말씀해 주신 키워드 중 '종 다양성'이 있었는데, 좀더 들어볼 수 있을까요?

태윤 생태계를 큰 거미줄이라고 한다면 종이 하나씩 없어질 때마다 거미줄이 잘려 나가겠죠. 처음엔 어느 정도는 지탱이 되다가 결국 완전히 무너질 거예요. 사람들이 늘 먹던 감자 한 종이 병으로 완전히 사라지면 거기에 담긴 문화도 없어지고, 연관된 경제 활동도 연쇄적인 피해를 입어요.

다양한 종을 소비하는 것이 지구와 인간 모두에게 중요한 일인 거네요.

태윤 종 다양성은 풍성한 취향을 위해서도 중요해요. 양식당에서 와인을 고를 때 어떤 날은 묵직한 레드를, 어떤 날은 발랄한 화이트를 먹고 싶잖아요. 쌀도, 콩도, 감자도. 그렇게 자기 취향이 생기는 만큼 미식가가 된다고 생각해요. 미식가는 다양한 맛을 알고 있고, 내가 먹고 싶은 맛을 적재적소에 표현할 수 있는 사람이라고 보거든요. 다양한 종은 다양한 생산자를 뜻하기 때문에, 지역 생산자를 응원하면서도 인기 작물로 재배가 쏠리는 현상을 방지하는 역할을 하기도 합니다.

그럼 소비자들은 유행하는 식재료를 무조건 좇아가기보다 새로운 걸 시도하는 노력이 필요하겠어요.

민영 그렇죠. 또 일상에서 지속가능성을 추구하는 가장 간단한 방법은 로컬의, 계절의 것을 먹는 겁니다. 로컬 식재료는 운송 과정에서 생기는 탄소 발자국을 줄일

수 있거든요. 또 제철 식재료는 시설 재배를 배제할 수
있고요. 한 걸음 더 나아간다면 자주 채식하기를 권해요.
육식을 한다면 유기 축산이나 동물복지처럼 지속가능한
축산 방법으로 기른 고기를 먹어야 하죠.

지구를 지키는 방법이 이렇게 가까이에 있었네요.
태윤 지속가능성을 위한 삶은 편리와 타성과의 싸움이라고
생각해요. 그 삶은 불편을 감수할 일이 굉장히 많으니까요.
그래서 저희는 모든 프로그램을 할 때 무얼 하지 말라는
방법론보다 '나무 심으러 갑시다.'처럼 긍정적인 대안을
제시해요. 그리고 재밌게 나무를 심으면, 미션은 성공한
거죠.

어서 제 식탁 풍경을 바꾸고 싶어져요. 해보자는
방식으로 접근하니 마음도 가볍고요.
태윤 자기가 할 수 있는 범위 안에서 뭐든 해야 해요. 작은
노력이 모이면 큰 효과가 나오니까요. 아직은 아까 말한
거미줄의 탄성이 그래도 남아 있는 상태라고 믿어요. 그냥
포기해 버리면 다 절멸하는 거니까요. 누구든 뭐라도
뛰어들어야 하는 의무를 가졌다고 봐요.

아워플래닛은 앞으로 어떤 발걸음을 이어갈 계획인가요?
태윤 생산지나 자연을 찾아가는 필드트립을 진행해보려
하는데요. 국내는 물론 국외도 준비하고 있어요.
민영 이 공간은 많은 경험을 하기에 한정적이지만,
필드트립에서는 진짜 생산자와 자연을 만날 수 있어요.
누가 키웠는지 알면 재료가 더 맛있게 느껴지는 마법이
있거든요. 재료에 조금 흠집이 났어도 실제로 농부가
일하는 모습을 본다면 배려 같은 게 생길 수 있지
않을까요.

고추지릉장 온반

재료(2-3인분)
들기름 2큰술,
볶은 멸치 반 줌,
중간 크기 양파 1개,
고추 30개,
다시마 육수 1컵-1컵 반,
간장(청장) 2큰술

요리법
살짝 데운 냄비에 들기름을 두르고 마른 멸치를 볶아주세요.
다진 양파를 넣고 볶다가, 다진 고추를 넣고 자작하게 잠길
정도로 다시마 육수를 부어요. 끓으면 간장으로 간을 하고,
밥을 넣은 뒤 뜨거운 물을 부어 먹어요.

추천하는 사람
인스턴트 식품이나 충만하지 못한 식사로 속이 허전한
사람에게 추천해요. 온반의 따뜻한 기운이 금세 몸에 감돌
거예요. 고추지릉장을 밥이나 국수에 비벼 먹어도 맛있어요.

베이글 굽는 식탁

정다정   **생활기술전수자**

빛이 슬며시 고개를 내미는 아침, 정다정의 부엌에는 포근한 향이 번진다. 향의 근원은 오븐에서 따끈하게 구워지는 빵. 일상을 지키고 위로하기 위해 굽기 시작한 베이글은 이제 다른 이들과 마음을 나누는 도구가 되어 누군가를 미소 짓게 한다. 음식은 삶의 작은 단서라고 믿는 다정이 빚은 베이글에서 오늘도 뭉근한 온기와, 끝나지 않을 이야기가 모락모락 피어난다.

오전부터 따뜻한 베이글을 준비해 주셨어요. 향이 정말 좋은데요?

식기 전에 한번 먹어보세요(웃음). 뜨끈하고 폭신할 때 먹어야 맛있는데 조금 가라앉았네요.

와, 파는 거랑은 다른 건강하고 담백한 맛이에요. 다정 씨의 아침 풍경은 이렇게 담백한 빵이 함께죠?

맞아요. 특별한 향이 없는 아침 공기에 빵 내음이 점점 풀어질 때 행복해요. 베이글을 구우면 따뜻해진 공기를 느끼면서 몸도 풀어지는 느낌이고요. 베이글을 맛보면서 '오늘 잘 됐구나.' 생각하면 기분도 좋아요. 그 마음으로 하루를 여는 거죠.

포근한 풍경을 떠올리니 미소가 지어져요. 베이글은 언제부터 구운 거예요?

프리랜서 생활을 하다가 직장에서 일을 해보고 싶어 취업 준비를 할 때였어요. 그전에도 한 번 퇴사하고 힘들게 재취업을 준비한 시간이 있던 터라, 나를 무너지게 하지 않을 기준을 고민했죠. 하루의 끝을 잘 맺고 다시 시작할 수 있는 기준이요. 그러던 차에 저녁에 반죽하고 아침에 굽는 베이글 강의를 접했는데요. 베이글의 시간에 리듬을 맞춘다면 제 삶이 낙담하지 않을 것 같았어요. 그러니까 '이력서를 써야 하니까 일어나야 해.'가 '베이글을 구워야 하니까 일어나야 해.'가 된다면요. 다른 건 다 안 돼도 빵이라는 결과물이 늘 있으니 작은 위로가 될 것 같기도 했어요.

직장을 다니는 지금까지 빵을 굽는 걸 보면 베이글이 좋은 영향을 주고 있나 봐요.

취업이 오래 걸릴 거라 예상하고 만든 루틴이었는데, 생각보다 취업은 빨리했어요(웃음). 베이글을 굽는 데는 저녁에 반죽하는 30분, 냉장고에 두는 여덟 시간, 꺼내서 휴지하는 한 시간, 데치고 굽는 30분, 총 열 시간이 필요해요. 그 열 시간을 지키려면 회사에서 일을 잘 마무리하고 와야 하죠. 바빠지면 베이글을 못 굽는 날이 많아지고요. 베이글이 내가 지금 삶을 괜찮게 보내고 있는지에 대한 기준이 된 거예요. (일어나 잔을 꺼내 오며) 혹시 또우장 드셔보셨어요?

안 먹어봤어요! (잔을 받아 마셔본다.) 우와, 너무 맛있어요….

맛있죠? 대만 아침 식사 또우장은 우리나라 콩물 같은 거예요. 저는 이런 게 너무 좋아요. 이왕이면 좀더 만들어서 맛있는 걸 같이 맛있다고 하는 거요. 맛있다는 경험을 자주 하면 행복해지고, 삶을 더 잘 살아보고 싶다는 생각이 들기도 하잖아요. 최근에 회사에 빵을 구워 갔는데 동료가 하는 말이, 빵 때문에 회의실 공기가 달라진다는 거예요. 그 말이 되게 좋더라고요. 오자마자 바쁘게 컴퓨터 앞에 앉는 것보다 "맛있다", "오늘 하루 잘 보낼 것 같아." 이런 말을 하고 각자 일을 하는 게 좋아요.

회사 이야기를 해주셨는데, 농부시장 마르쉐에서 일하고 계시죠. 마르쉐에서는 어떤 일을 하세요?

토종 작물이 모이는 토종장이나 다양한 밀을 만나는 햇밀장처럼 주제가 있는 시장을 기획해요. 최근엔 바다장을 준비했어요. 마르쉐 출점팀이자 비건 디저트숍 '홀썸'과 함께 해조류로 만든 디저트클럽 프로그램을 준비하면서, 우뭇가사리로 푸딩을 만들어보자고 제안했어요. 작은 아이디어를 던졌는데 셰프님이 완성도 있게 구현해 주시고, 먹는 사람에게도 감동을 전한 기분이라 재밌었어요.

요즘은 베이글 만드는 법도 가르쳐 주신다면서요?

최근에 연 워크숍은 작년에 검정밀을 판매하는 농부님을 만나면서 시작됐어요. 검정밀은 재배량에 비해 수요가 적어 고민이던 차, 주변에서 비슷한 아리흑밀을 짓는다고 해 재배를 포기하시려 했대요. 이야기를 듣고 힘을 보태고 싶어 워크숍을 열고 참가비를 밀로 교환해드렸어요. 이렇게 제가 만드는 모임 방향은 좋아하는 것을 나누기 위함보다는 연대와 맞닿아 있다는 생각이 들어요.

나를 위로하던 베이글이 연대의 도구가 되었네요. 사람들과 교류할 때 지키는 원칙도 있다면서요?

베이글이나 제가 가진 생활 기술을 가능하면 돈으로 교환하지 않으려고 해요. 생활 기술은 일상에서 반복하면서 능숙해진 기술이라 생각해요. 전문 베이커도 아닌 저의 평범한 기술과 베이글 하나에 값을 매기는 것은,

제가 베이글을 만드는 의도와는 다른 것 같아요. 계절별 베이글을 만들면서 종종 이건 누가 좋아하겠다 싶어 만든 후 나눠먹는데, 가격을 정해버리면 친구들보단 단가가 떠오를 것 같아요. 지금처럼 넉넉하게 좋은 재료도 못 사용하고요.

그럼 그냥 나눠 가지는 건가요?
물물교환을 해요. 생강청이나 장식품 같은 걸 교환하기도 하고, 어떤 친구는 조개껍질을 줬어요. 가격을 매기지 않으니까 그냥 재밌다고 해야 할까요? 삶의 관계가 더 풍성해지는 것 같아요.

따뜻한 마음이 오가는 시간이겠어요. 베이글을 만들 때 여러 밀을 섞기도 한다던데, 밀마다 맛은 어떻게 다른가요?
이건 직접 맛봐야 해요. (밀을 종류별로 손에 덜어주며) 마르쉐에서 햇밀장 프로젝트팀으로 참여해 다양한 밀을 경험하게 됐어요. 우리 밀 중 가장 잘 알려진 앉은키밀은 질감도 고와요. 검정밀은 색이 검고 질감이 다르죠? 예전엔 신맛이 살짝 느껴졌는데, 이것저것 먹어서 지금은 아무 맛이 안 느껴지네요(웃음). 마지막은 김천참밀. 어때요?

이게 좀더 단맛이 나는데요?
그렇죠? 이 농부님이 기른 밀은 유독 달아요. 밀마다 맛 차이가 안 나면 어떡하지 했는데 느껴져서 다행이에요.

삶에서 음식이 꽤 중요한 비중을 차지하는 것 같아요. 다정 씨에게 음식은 어떤 존재라고 설명할 수 있을까요?
음식은 삶의 작은 단서 같아요. 무언가를 해보고 싶다는 욕구가 생기는 단서, 이야기가 끊임없이 시작되는 단서요. 누군가 마르쉐에서 일하면서 가장 좋은 점이 무엇인가 물으면, 저는 이야기라고 답할 것 같아요. 여긴 끊이지 않는 이야기를 계속 쫓아가는 곳이고, 그 이야기로 기획된 것들이 다른 곳과 다름을 만들어낸다 여겨져요. 음식도 제게 이야기를 만들어내는 존재예요. 베이글로 의도치 않은 교환이나 만남이 이뤄지길 바라요.

절기 베이글

재료(8개 분량)

검정밀 300그램,
앉은키밀 200그램,
콩물 280그램,
이스트 3그램, 설탕 20그램,
올리브 오일 20그램,
소금 5그램,
호박고지 좋아하는 만큼

요리법

콩물과 이스트를 섞어 주세요. 이스트에 밥을 준다는
마음으로 설탕을 풀고 올리브 오일을 섞은 다음, 검정밀과
앉은키밀을 6 대 4 비율로 블렌딩해 반죽해 주세요. 반죽이
어느 정도 완성되면 소금과 호박고지를 넣어 동그랗게 빚고
구워 주세요.

추천하는 사람

호박을 별로 좋아하지 않거나 새롭게 경험하고 싶은 분들이
시도하면 좋아요. 얇게 말린 호박을 구웠기 때문에 부담 없이
맛있게 먹을 수 있어요.

한 가지만 먹는다면

평생 한 가지 음식만 먹을 수 있다면, 무얼 고를래요?

에디터 차의진

글 에리카풝, 오토나쿨, 요나, 차의진

일러스트 렐리시

버터 커리

평생 한 가지 음식만 먹는다면 무엇이 좋겠냐는 질문을 앞두고 '내가 여태껏 가장 많이 만든 한 가지 음식이 무엇일까?'를 되돌아보았다. 그동안 어딘가의 주방에서 수많은 음식을 만들어왔지만, 모든 것을 제치고 머릿속에 떠오르는 것은 바로 '버터 커리'였다. 20대 중반 처음 발을 디딘 홍대의 '카페 수카라'. 제철 채소와 과일, 발효 음식을 연구하고 판매하던 공간과 사람에게 매료되어 그곳이 없어질 때까지 4년에 가까운 시간을 주방에서 근무했다. 즉, 4년에 가까운 시간 동안 매일같이 버터 커리를 끓였다. 카페 수카라의 메인 메뉴였던 버터 커리도 세월을 거치며 많은 변화를 겪었다. 초창기에는 밥과 커리 위에 구운 닭다리와 삶은 렌틸콩, 브로콜리 등을 얹어 내었으나 몇 년 후부터는 구운 제철 채소가 그 자리를 대신했다. 게다가 원래는 시판 버터로 끓이던 것을 최종적으로는 매장에서 직접 비건 버터를 발효해 끓이게 된다. 커리 하나에 무얼 그리 공들이는가 싶을 수도 있지만, 아마도 우리는 커리에 꽤나 미쳐 있었던 것 같다. 현재는 카페 수카라의 후속편인 궁정동의 '큔'에서 커리를 이어 끓이고 있다. 녹진한 맛과 농도의 커리를 만드는 것은 생각보다 많은 시간이 필요해서 출근부터 퇴근까지 정말로 하루 종일 끓이곤 했다. 보통 커다란 육수 통에 한가득 끓이는데 토마토소스가 바닥에 눌어붙지 않도록 긴 나무 주걱으로 계속해서 저어주어야 했다. 함께 일하는 동료들끼리 근무를 바통 터치할 때면 서로의 안부보다 '현재 커리의 진행 상황'을 공유하는 일이 우선이었다. 식사 때에는 다 함께 맛있는 걸 만들어 먹기도 했지만, 가끔 너무 바쁜 날이나 식욕이 없는 날에는 간단하게 밥에 커리를 말아 먹는 일이 다반사였다. 따뜻한 밥에 커리 한 국자, 채소 구이나 달걀 프라이, 샐러드 한 줌을 더하면 충분한 한 끼가 된다. 한국인은 김치만 있으면 밥을 먹을 수 있다는 말처럼 우리는 커리만 있으면 밥을 먹을 수 있는 사람들이었다. 다섯 가지 정도의 향신료를 블렌딩해서 끓이는 커리가 뿜어내는 냄새가 머리와 옷에 짙게 배고는 했는데, 그래서인지 지금도 어디선가 쿰쿰한 이국의 냄새가 나면 이상하게 마음이 포근해진다. 긴 시간 동안 버터 커리를 휘휘 끓여가며 다양한 인연들을 만나고, 참으로 많은 이야기를 나누었다. 버터 커리에는 평생 매일같이 꺼내보아도 바닥이 마르지 않을 만큼 소중한 추억이 빼곡히 담겨 있다.

요나
제철 재료를 공부하고 기록하며 이야기한다. 식당을 열기도, 영상을 찍기도, 책을 쓰기도 한다. 《재료의 산책: 봄, 여름, 가을, 겨울의 일기》에 이어 《재료의 산책, 두 번째 이야기》 출간을 준비 중이다.

연어 초밥

하루하루 질곡의 세월을 살아내는 인생의 한 중턱에서 "남은 일생, 단 한 가지 음식만 먹어야 한다. 무엇을 먹을 것인가?"처럼 중차대한 질문을 받았을 때, 주마등처럼 스쳐 지나가는 많은 날, 많은 음식들. 좋은 날 좋은 사람들과 함께 나눈 음식만큼 맛 좋고 값어치 있는 것도 없겠으나, 그런 상황에서는 어떤 음식이든 맛이 안 좋기도 어렵다. 그러니 좋지 않은 어떤 날 혼자서 외로움을 채운 음식에서 주마등을 멈춰 세웠다. 연어 초밥이었다. 정확히는 은행골 연어 초밥. 회사원이던 시절, 공사가 무지막지하게 다망했던 하루 일정을 마치고 녹초가 되어 퇴근해 보려던 무렵 "정말 죄송한데…"로 시작하는 불길한 메신저를 받았다. 그냥 해주고 말 수도 있는 일이지만, 워낙 바쁜 하루를 보낸 이후라 마음이 뾰족했다.
'죄송할 짓은 서로 하지 맙시다.', '제가 지난주에 말씀드리지 않았나요?', '제 말은 말 같지 않으신가 봅니다-?'라고 마음의 소리를 메신저 창에 썼다 지웠다를 반복하다가는 퇴근해 버렸다. 이후 모바일 메신저로 이렇게 말했다. "죄송한데 제가 퇴근해서요…. 내일 오전에 처리해 드려도 될까요?" 가시 돋친 무례한 마음의 소리를 가까스로 참아내고, 눈에는 눈, 이에는 이, 죄송에는 죄송으로 답하는 것으로 모난 마음을 갈아냈다.
그 길에 모난 턱도 다듬기로 했다? 비밀도 아니지만 굳이 이야기하지도 않는 챠밍 시크릿인데 나는 때가 되면 주기적으로 턱에 보톡스를 맞는다. 마침 시기가 도래한 느낌이었다. 턱 보톡스를 맞은 날엔 최대한 턱을 쓰지 않고 부드러운 음식을 먹어야 한다. 은행골 연어 초밥이 아주 제격이었다. 성글게 쥐어 흩어지는 밥알을 가까스로 붙들고 있는 연어 위를 간장을 적신 생강으로 훑듯이 간을 입혀 아슬아슬 조심조심히 입에 넣으면 곧 어디로 갔는지 초밥은 사라지고 내가 초밥을 입에 넣었다는 기억만 가까스로 남는 그런 부드러움. 그래서 턱 보톡스를 맞은 날은 꼭 은행골 연어 초밥을 먹었다.
알게 모르게 사람들의 일상 곳곳에는 보톡스가 끼어 있지 않을까. 주름진 것을 팽팽하게 혹은 모난 것을 둥글게 둥글게 윤색하는 저마다의 수단과 방법이 있을 터. 그렇게 자신을 갈고 가다듬고는 다시금 내면을 보드랍게 채우는 각자만의 의례도 있지 않을까? 내 의례 마무리에는 은행골 연어 초밥이 있다.

에리카밝
요리와 게더링을 기반으로 한 여러 모임을 기획하고 운영하며, 카피라이팅, 콘텐츠 에디팅 등 텍스트를 요리하는 일도 한다.

수제비

여생이 얼마나 남았는지 알 수 없지만, 기력이 다할 때까지 수제비를 만들어 먹을 것 같다. 수제비는 아주 심플하고 화려하면서 만들기도 쉽다. 잘 우린 멸치 육수와 밀가루, 소금, 이 세 가지 재료로만 만들 수 있지만, 버섯이나 값비싼 해산물 등 들어가는 재료에 따라 맛과 화려함이 무한대로 확장한다. 난 기본에 바지락 넣는 걸 가장 좋아한다. 파와 청양고추, 소금만으로 간을 하고 멸치 육수 본연의 맛을 즐기는 걸 좋아한다. 반죽은 최대한 많이 치대고 얇게 펴서 뜯어 넣고.

비 오는 아침이나 피곤하고 지친 퇴근 후에도 수제비를 만들어 먹는 걸 좋아한다. 멸치 분말로 육수를 천천히 우려내는 동안 밀가루 두 줌에 소금을 조금 뿌리고 반죽을 시작한다. 끈적거리고 달라붙던 반죽은 점점 매끄러워지면서 손에 쥐고 뜯기 좋은 찰기를 가진 반죽이 된다. 반죽의 끝부분을 양손에 쥐고 재빨리 펼친다. 넓게, 얇게. 난 수제비의 반죽이 육수를 잔뜩 머금은 걸 좋아하기 때문에 최대한 얇게 뜬다. 반죽을 다 뜯어 넣으면 한소끔 끓인 뒤 잘라둔 파와 청양고추를 올리면 끝. 식탁에 앉아 마치 사골 육수처럼 뽀얀 수제비의 국물을 제일 먼저 한 술. 멸치 육수의 깔끔하고 깊은 맛 끝에 청양고추의 매운맛이 코끝을 친다. 그래, 이 맛이지. 그리고 수제비를 한 숟갈 먹는다.

아주 오래전, 자기 확신 없이 깊은 자괴와 우울함에 빠져 침대에서 곰팡이처럼 썩어가다 겨우 현실로 기어 나와 제일 처음 먹은 음식이 아파트 지하상가 식당의 수제비였다. 저렴한 맛기름이 들어간 양념장과 김 부스러기가 올라간다. 고소한 맛기름의 향과 함께 뜨거운 멸치 육수와 매끄러운 밀가루 반죽이 목구멍으로 미끄러져 들어갈 때의 그 느낌과 맛은 절대 잊을 수가 없다. 수제비를 다 먹고 온몸을 따뜻하게 데운 나는 다 벗겨진 입천장과 함께 일상으로 나올 수 있었다.

수제비는 가장 심플하고 격렬하게 움직여 만들어내는 요리 중 하나. 내가 아직 쓸 만한 사람임을 느끼게 해준다. 그래서 난 수제비를 정말 좋아한다.

오토나쿨
도쿄에서 13년째 살고 있는 디자이너이자 작가. 요리와 부엌, 일상에 대한 글을 쓴다. 《도쿄 일인 생활 – 부엌과 나》, 《도쿄 일인 생활 – 맥주와 나》, 《재생의 부엌》을 썼다.

마제소바

필진에게 주제를 건넨 사람은 난데 정작 쓰려니 어렵다. 엉뚱한 주제를 던진 걸까, 필진들은 쉽게 떠올리려나…. 고민하는 동안 여러 음식이 머릿속에 스쳤다. 속 재료를 바꿀 수 있는 김밥? 어떤 날은 햄만, 어떤 날은 당근만 넣는 거다. 그렇게 먹는다면 평생도 괜찮겠어. 하지만 도통 김밥에는 마음이 끌리지 않는다. 평소에 그렇게 좋아하는 음식도 아니잖아!

이런저런 고민을 안고 퇴근 후 자주 가는 맛집 '거북이의 꿈'을 찾았다. 식탁이 조리 공간을 빙 두르고 마츠바라 미키의 'Stay with Me' 같은 노래가 흐르는, 전형적인 일식집이다. (구석에 있는 마릴린 먼로 그림만 빼고. 사장님이 이 그림을 왜 두었는지는 갈 때마다 의문.) 조금 기다리면 내가 그토록 좋아하는 카라이 미소 마제소바가 반짝이는 노른자를 품고 등장한다. 잘 섞어 한 입 먹으니, 온몸이 녹아내리는 기분. 옳다구나! 이런 마제소바라면 평생 먹어도 좋겠어. (좋아, 글 소재를 정했다.)

잠깐, 왜 평생 먹을 음식으로 자극적인 마제소바를 골랐냐고? 마제소바는 변주를 주기에 아주 좋다. 본연 그대로의 맛을 즐기다가, 음식을 3분의 2 정도 먹은 후 유자 소스를 넣으면 색다른 풍미를 느낄 수 있다. 면을 다 먹고 나면 밥을 비벼 먹거나 녹차를 부어 오차즈케로 먹을 수 있는데, 난 꼭 후자로 먹는다. 마제소바를 먹는 이유가 오차즈케를 먹기 위해서라고 해도 과언이 아니다. 만약 천재지변으로 갑자기 모든 식당이 사라지고 거북이의 꿈만 남는다면 하루는 처음부터 유자 소스를 넣어서, 하루는 오차즈케로 마제소바를 먹을 수 있을 테다. 어떤 날은 원래대로 3단계를 거쳐도 된다. 그럼 아무리 자극적이라도 질리지 않고 먹을 수 있지.

그래도 어떻게 마제소바를 매일 먹을 수 있겠냐고? 마제소바의 중독성을 무시하지 마시라. 다음 날은 이상하게 또 먹고 싶어진다. 그래도 연달아 거북이의 꿈에 간 적은 없다. 사장님이 아마 나를 '혼자 와서 늘 오차즈케 먹는 여자'로 기억할 텐데, 여기에 '다음 날 꼭 또 오는 여자'라는 수식어까지 붙을 수는 없지. 가고 싶은 마음을 꾹 참았다가 다시 맛보면 고단한 하루를 보상받는 기분이다.

차의진

《AROUND》 에디터. 남자 형제 둘 사이에서 살아남으려다 보니 천천히 오래, 많이 먹는 습관이 생겼다. 형제들이 치킨 다 먹어갈 때 고작 한 조각 먹던 날 위해, 늘 미리 몇 개 빼 두셨던 우리 엄마 고마워요.

그래, 이곳이라면!

평생 먹어도 좋을 메뉴가 있는 추천 맛집

1.

요나 : 큔
비건 버터 발효 커리

직접 발효하여 만드는 비건 버터와 향신료로 뭉근하게
끓여내는 커리. 갖가지 제철 채소를 구워 토핑으로
올려준다. 그 계절의 채소가 무엇인지 구경하며 먹는
재미가 쏠쏠하다. 커리 옆에 곁들여 나오는 작은 채소
절임까지 정성이 느껴지는 한 접시.

A. 서울 종로구 자하문로26길 17-2 1층
O. 목-일요일 11:00-16:00, 월-화요일 휴무

3.

오토나쿨 : 삼청동 수제비
수제비

내가 지향하는 수제비의 정점 같은 곳이다. 반죽의 두께와
쫄깃함과 국물 맛의 깊이. 그리고 절묘한 청양고추
절임까지.

A. 서울 종로구 삼청로 101-1
O. 매일 11:00-20:00

2.

에리카팜 : 은행골 신사점
연어 초밥

이제는 체인점이 워낙 많아졌지만 신사동 본점에서 처음
먹었던 기억이 강렬하다. 젓가락으로 집어 드는 것이
아니라 붓이나 생강에 간장을 찍어 초밥 위를 적시고
성글게 뭉친 밥을 조심스럽게 입에 넣어 먹던 그 질감,
그 맛의 시작은 은행골이 아니었나!

A. 서울 강남구 강남대로 152길 42 2층
O. 월-토요일 11:00-22:30, 일요일 휴무

4.

차의진 : 거북이의 꿈
카라이 미소 마제소바

기다란 복도를 따라가 문을 열면 친절한 사장님이
손님들을 반긴다. 맛 좋은 메인 메뉴와 함께 산마 튀김,
모찌리도후 등 다양한 사이드도 있다. 식사하다 보면
사장님의 요리 인생이 궁금해지는 따뜻한 맛집.

A. 서울 마포구 성미산로 190-31 지1층
O. 화-일요일 11:30-21:00, 월요일 휴무

원고 마감 기한이 지났건만 써야 할 글은 아직 산더미다. 한숨을 푹푹
내쉬며 책상에 겨우 앉았는데, 어라… 스르르 잠이 온다. 깜짝 놀라
눈을 떠보니 여긴 어디야? 내 앞에 앉은 세 명은 누군데? 가만 보니
사람이 아니다. 설마… 밥, 면, 빵? 누가 최고의 주식인지를
토론할 테니, 나한테 사회자가 되어달란다. 대체 이게 무슨 영문이람.

밥, 면, 빵: 최고의 주식을 찾아라

글 차의진

일러스트 심규태

1.　토론 시작　## 배심원은 귀를 기울여 주세요

차의진(이하 '차') 여기가 어디죠? 전 방금까지 분명히
원고를 쓰고 있었는데…. 당신들은
누군가요?

밥 여기는 당신의 머릿속 작은 방입니다. 일단 진정하게 숭늉부터 들어요.

면 저기, 밥. 사회자에게 벌써 뇌물이라니, 규칙에 어긋나는 거 아닙니까?

빵 우리 할 이야기가 많은데 벌써부터 싸우지 말죠. 오늘 저녁 메뉴로 밥, 면, 빵
중 어떤 걸 먹을지 고민했죠? 평소에도 종종 이걸로 씨름하던데.

밥 당신이 늘 그 문제로 갈등할 때 우리도 치열하게 토론했습니다. 그런데
결판이 나지 않더군요. 그래서 이 토론 자리에 당신을 부른 거예요.

면 누가 최고의 주식인지를 토론할 테니, 사회자가 되어 주세요. 우리끼리 계속
싸움이 나서 말입니다.

차 토론이 끝나면 다시 원고 쓰러 가도 되죠? 내일까지는 반드시 마감을
끝내야 해요.

빵 걱정하지 마세요. 우리 이야기를 듣고 중간중간 중재하면 되는 거예요.
판단은 책 바깥에 있는 배심원단의 몫입니다. 이제부터 귀 기울여 주세요.

차 배심원단? 책 바깥은 또 무슨 소리인지…. 영문은 모르겠지만 일단 해보죠.
그럼, 지금부터 토론을 시작하겠습니다.

2.　입론　## 저라는 주식은 말입니다

차 먼저 세 분 모두 짧게 자신이 최고의 주식이라고 생각하는 이유를 밝혀
주세요. 다른 토론자가 발언할 때 끼어들 수 없습니다. 밥, 면, 빵 순서로
진행하죠.

밥 내가 제일 먼저라니 사회자님도 역시 밥이 최고라는 걸 아시나 봅니다(웃음).

면 사회자님, 이런 발언은 제지해 주세요!

차 자, 본론을 이야기해 주시죠. 그리고 모든 토론자는 발언권을 얻고 말해야
합니다.

밥 큼큼, 잠깐 흥분을 했군요. 여러분, 밥심이라는 말을 아십니까? 모든 힘은
저, 밥에서 나온다는 조상님들의 지혜가 담긴 단어죠. 아무리 맛있는 찬이
상에 가득해도 밥이 없다면 아무 의미가 없습니다. 제가 없다면 허기가 지죠.
그렇게 맛있다는 고깃집에도 공깃밥이 있는 이유가 무엇이겠습니까? 고기를
다 먹고 나서도 사람들이 누룽지를 찾는 이유는 무얼까요. 밥은 어디서나
빠질 수 없는 주식이자 우리에게 꼭 필요한 존재입니다. 이상 마칩니다.

면 이제 저 면의 차례군요. 모두 지갑이 가벼웠을 때를 떠올려 보세요. 그땐 어떤
음식이 함께였나요? 뜨끈한 밥 한 공기? 사치스러운 빵? 여러분의 지난날엔
라면, 우동, 국수 같은 면이 함께였습니다. 저렴하면서도 간편하게 먹을 수
있어 바쁘고 지친 사람들을 따뜻하게 위로했죠. 즐거운 날도 저 면이
동행했습니다. 졸업식은 짜장면, 데이트는 파스타, 결혼식은 잔치국수.
특별한 날을 더 특별하게 만드는 면은 특별한 존재다, 이렇게 말할 수
있겠네요.

빵 마지막으로 제가 발언하겠습니다. 여러분, 세상에 빵은 몇 종류나 될지
헤아려 봅시다. 아마 가늠이 안 될 겁니다. 빵은 어떤 재료를 넣느냐에 따라
천차만별이거든요. 블루베리를 넣으면 블루베리 빵, 멜론을 넣으면 멜론 빵이
됩니다. 블루베리 밥, 멜론 면 들어보셨나요? 으악! 생각만 해도 끔찍합니다.
이 지구의 다양한 식재료와 절묘하게 어우러지는 빵이야말로 유구한 역사를
지닌 진짜 주식입니다.

3.   밥의 반론   **주식은 소화가 편해야 하는 법**

차 오호, 아주 흥미롭게 들었습니다. 그간 생각해 보지 못한 부분이 많았는데,
좋아요. 그럼, 이제 반론 시작하죠. 밥이 먼저 손을 들었군요. 발언해 주세요.
밥 두 분에게 묻겠습니다. 자고로 최고의 주식이란 소화가 편해야 하는
법입니다. 그런데 두 분은 위가 약한 사람들에게 아주 치명적이죠. 빵은 소화
안 되는 걸로 이미 유명한 데다, 요즘 면은 매운맛 경쟁의 한중간에 있다고요.
각종 볶음면이 얼마나 많은 사람들의 위장에 타격을 줬는지 아십니까?
빵 모든 빵이 그런 것은 아닙니다. 좋은 재료로 소화가 편한 빵을 만드는
제빵사들의 노고를 무시하지 마십시오.
밥 '소화가 편한 빵'이라는 표현 자체가 빵은 소화가 불편하다는 말을
내포하고 있습니다. 제 반박을 어서 인정하세요!
면 밥이 지나치게 흥분한 것 같군요. 밀로 만든 면이 어느 정도 그럴 수 있다는
점은 인정하겠습니다. 하지만 쌀로 만든 면은 어떤가요? 소화가 아주 쉬워서
부드럽게 넘어갑니다.
밥 하지만 배가 쉽게 꺼지죠. 저는 점심으로 쌀국수만 먹으면 4시도 안 돼서
배가 고픕니다. 밥은 오랜 포만감을 주면서 배를 따뜻하게 데우죠. 빵은
식사가 아니라 '식사 대용'입니다.
빵 사회자님, 이런 지나친 인신공격은 참을 수 없습니다!

4. 면의 반론 # 변주가 가능한 다채로운 매력

차 모두 진정하세요. 다음으로 면, 반박할 것이 있나요?

면 빵은 다양한 식재료와 어울린다고 했는데요. 사실 변주에 있어서는 면도
뒤지지 않습니다. 파스타 종류는 차고 넘치죠. 토마토, 바질, 크림, 봉골레….
면을 데쳐 집에 있는 재료를 넣으면 근사한 한 끼가 완성되지 않습니까?
사실 빵은 변주가 한정적이죠. 빵과 초장을 비벼 먹을 수 있습니까? 간장은
어떻고요? 오, 갑자기 속이 안 좋아지는 것 같군요. 면은 여러 국에 퐁당퐁당
넣어 먹어도 기가 막힙니다.

밥 발언한 모든 음식에 들어가는 면을 밥으로 대체해도 사실 무리는 없습니다.
밥도 리소토로 만들면 얼마나 다양해지는데요. 면과 빵 모두 밥보다는
다채로울 수 없습니다.

빵 세상에 얼마나 많은 빵이 있는지 몰라서 하는 말입니다. 밥은 쌀알 모양을
바꿀 수 있습니까? 빵 모양은 얼마나 다양합니까. 허, 참.

면 면도 그렇습니다! 짧은 면부터 긴 면까지 얼마나 다양한데요!

5. 빵의 반론 # 디저트 배는 따로 있지

차 토론 분위기가 점점 고조하는데요. 마지막으로 빵의 반박도 기대하겠습니다.

빵 즐거울 때는 면이 늘 함께였다는 발언에 반박하고 싶습니다. 여성분들은 그런
말도 하지요. '밥 배 있고 디저트 배 따로 있다.' 밥을 먹어도 디저트는
꼭 놓칠 수 없다는 이야기입니다. 그렇게 찾은 디저트는 일상에 특별함을
더해줍니다. 예쁜 카페에서 만난 빵과 폭신한 케이크가 얼마나 큰 행복을
주는데요. 그래서 특별한 날엔 면보다 빵을 찾게 되는 거죠.

면 아무리 특별한 날이라도 케이크를 밥으로 먹을 수는 없지 않습니까. 주식의
뜻이 뭡니까? "끼니에 주로 먹는 음식"을 주식이라고 합니다.

밥 두 분 다 특별함만 강조하고 계시는데, 우리의 보통날에 더 깊이 스며든
주식은 밥입니다. "다음에 만나면 밥이나 먹자."라고 하지, "다음에 만나면
면 먹자, 빵 먹자."고 합니까?

면 그만큼 밥은 흔하고 뻔하다는 소리지요!

밥 뻔하다니요? 사람들이 나누는 다정한 인사를 모욕하는 발언입니다!

차 자자, 반론은 이만하면 됐군요. 이제 토론을 마무리하죠. 아까 책 바깥에 있는
배심원들이 판단해 줄 거라고 했죠? 저를 그만 보내 주세요.

빵 좋아요, 마감하러 가도 좋습니다. 배심원 여러분, 이제 팻말을 들어 주세요.
밥, 면, 빵. 누가 최고의 주식입니까?

웃는 낯이 서글서글한 어머니가 웃는 낯을 똑 닮은 딸을 앉혀두고 말했다. "너밖에
쓸 수 있는 사람이 없다. 너만이 쓸 수 있는 글이다." 소설가 박완서는 맏딸 호원숙의
문장에 쓰이고 싶었다. 말과 글로 풀어내면 낮으로도 모자라 밤의 허리를 늘려야
충분할 자신의 발자국을 딸의 시선으로 톺아보게 했다. 반갑고도 무거운 제안을
받아들인 호원숙은 엄마의 부탁을 성실히 수행했고, 그 약속을 지키는 곧은 마음은
지금까지 여전하다. '노란집', 부지런히 밥을 짓는 연기가 피어오르는 그곳에서
모녀의 부엌을 둘러본다. 구수한 내음 덕분인지 나와 나의 어머니도 떠오른다.

모녀와 모녀의 부엌

《정확하고 완전한 사랑의 기억》

글 이명주   일러스트 서수연   자료 제공 세미콜론

끓이고 만들어 먹여주던 마음

살구와 감이 열심히 열매를 부풀리고 한편에는 철쭉이
고개를 드는 마당에 노란집이 있다. 아파트 생활을 하던
박완서는 노란색 페인트로 외벽을 칠한 삼층집을 지어
터전을 옮겼다. 그리고 세상을 떠나기 전에는 손때가 곱게
묻어 익어가는 그 집을 맏딸에게 물려주었다. 호원숙은
어머니가 물려주신 집에서 잠을 자고 식사를 차리고,
계절마다 구근을 심고 마당을 가꿨다. 글라디올러스가
피면 어머니와 함께 김수영의 시를 꺼내 읽던 터라 집 작은
구석에도 모녀의 대화가 새겨져 있다. 그곳에서 가장 많은
시간을 보낸 건 마당도, 서재도 아닌 부엌이었다지.

> 나는 아침에 일어나 부엌의 물을 내리면서 전원을
> 켜듯이 하루를 시작했다. 아무리 곤고한 날에도,
> 몸이 찌뿌드드한 날에도, 눈이 게슴츠레 떠지지
> 않을 때도, 부엌 싱크대 앞에만 서면 살아났다.
> 쌀을 꺼내어 물에 씻으면 그 감촉과 빛깔이 질리지
> 않았다. 매일 반복되는 일이어도 지루하지 않은,
> 그것이 무슨 힘인지는 나도 모른다.
> — P15, 〈엄마의 부엌, 그 기억〉 중에서

문장 말미, 호원숙은 "쌀 씻는 힘"으로 사는 것 같다고
덧붙인다. 박완서가 만들어낸 음식의 온기를 호원숙은
생생하게 기억한다. 이른 아침, 부엌에 불이 켜지면 온갖
소리가 자는 아이들 귀에 닿는다. 물에 담근 쌀을 야무지게
씻어내는 소리, 칼이 도마를 힘차게 차고 나가는 소리,
냉장고를 열고 닫는 분주한 이의 걸음 소리까지. 번쩍 뜨인
귀에 잠투정도 부렸지만 그 소리만큼이나 정확하고 완전한
사랑의 증거를 찾기는 힘들다. 노동과 돌봄, 생의 의지가
얽힌 이의 마음은 어땠을까. 기꺼이 지어내어 온기가
가시기 전 입으로 가져다주는 마음. 감히 헤아려보다가
내가 미처 모르는 사랑이 있음에 살며시 내려둔다.

> 뜨거운 냄비 앞에서 주걱을 젓고 있던 어머니의
> 모습은 또렷이 생각난다. 나누어주고 싶은
> 사람들을 위해 손수 만들던 그 깔끔한 성정이
> 생각난다. 6월의 고비를 넘어가던 것을 힘들어
> 했던 어머니, 뜨거운 솥 앞에서 땀을 흘리던 엄마,
> 그러나 가벼운 사랑으로 살구잼을 나누어주시던
> 어머니의 손길과 눈길이 그리워진다.
> — P27, 〈살구나무 아래서〉 중에서

싱크대 위로 머리가 불쑥 올라올 정도로 자랐을 때, 나는
가끔씩 부엌에 섰다. 어릴 적 살던 우리 집 부엌에는
싱크대 앞에 밖이 보이는 작은 창이 있었다. 가파른 언덕
끝에 머무른 집이기에 네모 칸 너머로 동네 곳곳이 보였다.
엇비슷하게 생긴 집들을 바라보다가, 한 손으로는 옆에
놓인 작고 하얀 단지를 슬쩍 끌어당겼다. 유리 뚜껑을
조심스레 열면 백설탕이 들어 있는데, 나는 사실 설탕
한 스푼을 몰래 떠먹고 싶어 부엌에 갔다. 나를 발견한
엄마가 "설탕을 그렇게 퍼 먹으면 안 돼."라고 했지만,
닿는 순간 녹아내리는 달콤함을 어떻게 모른 척할까.
이후로도 두어 번 달달한 도둑질을 들킨 뒤 엄마는
새빨간 딸기를 사 왔다. 괜스레 딸기가 물렀다며 냄비에
쏟아붓고, 단지를 가져와 백설탕도 쏟아버렸다.
더운 불 앞에서 젓고 또 젓고, 과육이 부드럽게 뭉그러져
빨간 빛을 쏟아낼 때까지 잼을 저은 엄마는 조심스레 떠서
나에게 한 입 먹여주었다. 달콤하다 못해 달큰한 맛.
하얀 단지는 사라졌는데 어쩐지 하나도 아쉽지가 않았다.

이어지고 이어진 기억

"엄마, 뭘 또 이렇게 많이 사 오셨어요?" 장에 다녀온 엄마 손에 들린 비닐봉지를 빼앗아 내려두며 볼멘소리를 했다. 형제들은 결혼해 같이 살지 않고 나도 옛날만큼 많이 먹지 못하는데, 우리 엄마의 큰손은 도무지 줄어들 기미가 안 보인다. 아무래도 이러쿵저러쿵 떠드는 딸의 잔소리를 귀찮다며 귓등으로 듣는 것 같다. 분수하게 조기를 굽고 겉절이를 만든 엄마는 나에게 말한다. "외할머니는 시장 가면 조기를 궤짝으로 사 왔어. 너네 어릴 때 집에 온다고 하면 상다리 부러질 정도로 차렸던 것도 기억하지?" 꼬마 시절, 할머니 댁으로 놀러 가면 가장 먼저 거실의 끝과 끝에 닿을 만큼 큰 상과 먹음직스럽게 채워진 수많은 그릇이 보였다. 하나같이 맛있어서 배가 볼록 튀어나올 정도로 잘 먹었는데, 엄마의 큰손은 할머니로부터 내려온 걸까.

> 엄마는 또 여성잡지의 부록으로 딸려 나오던 요리나 빵을 만드는 레시피를 오려두곤 했다. 요즘에는 그걸 유튜브나 인터넷으로 대신하는 것이다. 한글을 몰랐던 할머니는 그냥 손대중으로 눈대중으로 휘리릭 만드셨지. 그래도 항상 물과 쌀가루와 소금의 배합이 그 누구보다 정확했었다.
> ― P55, 〈오븐 앞에서 1〉 중에서

박완서의 엄마이자 호원숙의 할머니는 떡을 만드는 솜씨가 아주 좋았다고 한다. 팥떡과 찹쌀콩떡, 백설기까지 시루만 해도 세 개나 가지고 있었다고. "너희 할머니 떡 솜씨는 누구도 못 따른단다. 할머니 백설기는 카스텔라같이 부드럽단다."라며 엄마가 칭찬하면 희미하게 웃는 할머니의 모습을 딸은 또렷이 기억하고 있다. 박완서는 겨울이 되면 석유난로 위에서 찬합으로 카스텔라를 구워주었는데, 구하기 어려운 베이킹파우더 대신 미지근한 물에 녹인 이스트를 넣었다. 그래도 오븐에 구운 것처럼 맛있어서, 어린 원숙은 떳떳하게 먹기 위해 열심히 공부했다지. 할머니와 엄마의 기억을 이어받아 어른이 된 원숙은 카스텔라와 떡을 떠올리며 베이킹을

한다. 당근 케이크, 초콜릿 쿠키, 호두파이, 레몬 마들렌, 치즈케이크까지…. 요리 모양은 엇비슷하지만 맛있게 만들어 나눠 먹고 싶다는 바람은 셋이 꼭 맞다. 그러고 보니, 나도 엄마랑 할머니를 닮았는지 배포가 작진 않지. 만약 다음 세대로 나의 기억이 이어진다면 내가 했던 잔소리를 똑같이 들을지도 모르겠다.

> 지루하다면 지루한 남은 인생에 즐길 수 있는 취미가 하나 늘어났다는 건 또 얼마나 좋은가. 밥하는 건 의무지만 빵은 곁두리가 아닌가. 해도 그만 안 해도 그만. 게다가 부엌에 버터와 치즈와 초콜릿과 레몬 냄새가 풍기면 김치와 된장과 젓갈 같은 음식 냄새를 상쇄해주니 그 또한 즐겁지 아니한가.
> ― P63, 〈오븐 앞에서 2〉 중에서

부엌을 맴도는 온기

먹고 사는 이야기를 구구절절 늘어두었지만 요리 솜씨가 썩 좋은 편은 아니다. 프라이팬으로는 달걀을 부치는 것, 냄비로는 칼칼한 라면을 끓이는 것뿐이니 솜씨가 있는지 없는지도 모르겠다는 말이 정확하겠다. 그런고로, 부끄럽지만 점심 도시락을 챙기는 날마다 엄마의 통통하고 야무진 손을 빌린다. 그런 날은 이른 아침부터 부엌의 풍경이 분주한데, 엄마는 윤기가 흐르는 밥을 봉긋하게 담고 꼭 달걀 프라이를 올린다. 햄을 노릇하게 구워 몇 가지 밑반찬과 함께 가지런히 정리해 넣는다. 겨울에는 귤 두 알을 도시락 가방 안에 넣어주고, 다른 계절에는 방울토마토가 그 자리를 대신한다. 통통 부은 눈으로 일어나 부엌에 도는 훈기를 느끼면, 세상에 그렇게 부드러운 알람이 또 있을까 싶다. 도시락 가방 흔들지 말고 조심히 가라는 애정 어린 잔소리를 들으며, 어린아이가 된 것처럼 도시락을 꼭 껴안고 집을 나선다.

사람의 부엌에는 일상을 보듬는 힘이 맴돈다. 단순해 보이던 음식을 먹는다는 행위가 삶을 지탱하는 단단한 토대임을 깨닫는 곳이다. 그렇기 때문에 만사에 이리저리 치이는 하루를 보내더라도, 때 맞춰 나를 든든하게 먹이는 일에 게을러서는 안된다. 따뜻한 한 끼의 기억이 주저앉은 몸을 일으키고 닮고 싶은 삶을 보여줄테니, 부지런히 나를 온전함으로 채워야 한다.

> 어머니의 글을 따라 찾아가는 여정에는 언제나 뜻밖의 발견이 숨어 있었다. 그리고 그 글 속에서 그리운 냄새를 느낄 수 있었다. 살아 있는 동안 더 정성을 들여 음식을 해야지, 부엌에서 더 즐겁게 시간을 보내야지, 그러려면 몸과 마음을 더 건강하게 만들어야지, 하는 마음이 자연스럽게 들게 되었다. 하나의 글을 쓰면서 하나의 반찬이 더 소중하게 느껴졌다.
> — P18, 〈엄마의 부엌, 그 기억〉 중에서

무엇이든 지나친 것을 싫어하는 성정 탓에 음식을 많이 차리는 걸 좋아하지 않는 모습, 맛있는 걸 먹고 싶은 건 참을 수 있지만 맛없는 건 먹기 싫다고 말하는 모습, 제철 과일을 실컷 먹으라며 붉은 홍옥을 반으로 갈라 속을 파주었던 모습, 글과 문장에 둘러싸인 하루에도 끼니를 꼭 챙기는 모습까지. 딸 호원숙의 눈에는 노란집 부엌에서의

엄마 박완서가 이렇게나 선명하다. 그리고 딸은 말한다. 가족의 애달프고 즐겁던 추억이 스며든 부엌에서 여태껏 머무를 수 있는 건 큰 행복이라고. "손을 움직여 다듬고 익혀 맛을 보는 기쁨"은 한 세대를 지나 다음 세대에 이르러도 만연하고, 이제는 살을 비비며 온기를 나눌 수 없는 상대와의 추억에서도 여전하다. 구수하게 피어오르는 부엌의 훈기를 한껏 들이마셔 본다. 그 숨은 정확하고 완전한 사랑의 기억으로 머물다가 날숨이 되어 흩어진다.

> 음식을 하면서 세월이 간다. 음식을 기억하며, 음식을 만들며, 그 음식을 먹으며, 생명을 이어간다.
> — P157, 〈어찌 대구 맛을 알겠는가〉 중에서

호원숙
1954년 박완서, 호영진의 맏딸로 태어났다. 《뿌리깊은 나무》 편집기자로 일했고, 1992년 박완서 문학앨범에 일대기 《행복한 예술가의 초상》을 썼다. 2011년 어머니가 돌아가신 후 아치울 '노란집'에 머물며 《우리가 참 아끼던 사람》, 《박완서의 말》을 엮었다. 정을 나눈 딸이자, 문장을 쓰고 잇는 작가로서 어머니를 기억하고 자신만의 이야기를 만든다.

배가 쉴 새 없이 꼬르륵거리는 오전 근무를 마치고 곧장 달려간 식당. 아무리
배가 고파도 음식 사진은 놓칠 수 없지! 셔터를 누르던 같은 시각, 일본의 한
음식점에도 시노다 부장이 들어온다. 그런데 이 남자 조금 수상하다. 앞에 놓인
음식을 한동안 물끄러미 관찰하는데…. 시노다 부장님, 지금 뭐 하고 계세요?

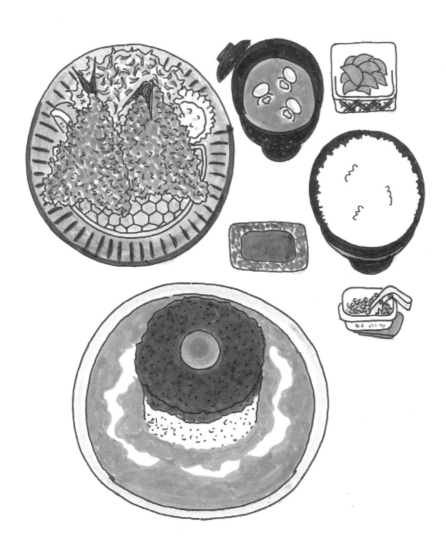

부장님의 미식 기록

《샐러리맨 시노다 부장의 식사일지》

글 차의진   자료 제공 앨리스(아트북스)

2015

0814 저녁 〈죠코엔 城光園〉

천엽

야키니쿠에 갈 예정이 있는 금요일에는 오후 시간이 더디게 흐르는 듯한 기분이 드는 것은 나쁜일까.

상추

사실 고기를 싸서 먹는 것이라고 하지만.

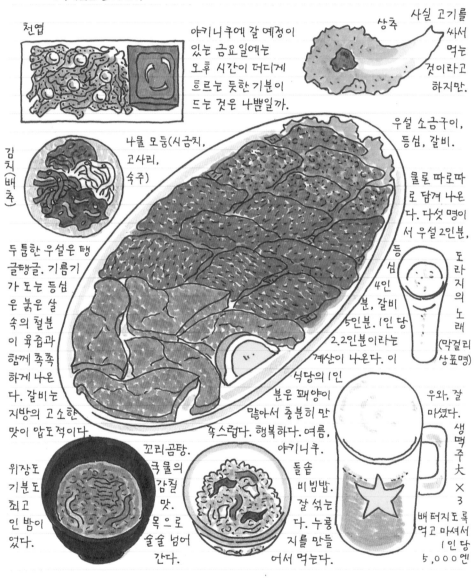

김치 (배추)

나물 모듬 (시금치, 고사리, 숙주)

우설 소금구이, 등심, 갈비.

두툼한 우설은 탱글탱글. 기름기가 도는 등심은 붉은 살 속의 철분이 육즙과 함께 촉촉하게 나온다. 갈비는 지방의 고소한 맛이 압도적이다.

물로 따로따로 담겨 나온다. 다섯 명이서 우설 2인분, 등심 4인분, 갈비 5인분. 1인당 2.2인분이라는 계산이 나온다. 이 식당의 1인분은 꽤양이 많아서 충분히 만족스럽다. 행복하다. 여름, 야키니쿠.

도라지의 노래 (막걸리 상표명)

위장도 기분도 최고인 밤이었다.

꼬리곰탕. 국물의 감칠맛. 목으로 술술 넘어간다.

돌솥 비빔밥. 잘 섞는다. 누룽지를 만들어서 먹는다.

우와, 잘 마셨다. 생맥주 大 × 3 배터지도록 먹고 마셔서 1인당 5,000엔

눈으로 기억해 그리는

'시노다 나오키篠田直樹'는 일본의 한 여행사에서
영업부장으로 일하는 평범한 샐러리맨이다. 33년째 이어온
별난 취미만 빼면. 취미는 1990년 스물일곱의 시노다가
후쿠오카로 전근을 가면서 시작됐다. 새로운 곳에 왔으니
현지 음식을 기록해 보고 싶었던 것. 그는 노트를 펼치고,
기억을 더듬어 그날 먹은 음식을 그려냈다. 식사 일지는
사원에서 과장이 된 후로도 계속됐다. 어느덧 두툼히
쌓인 일기를 처음으로 세상에 공개한 건 NHK의 방송
〈사라메시サラメシ(샐러리맨의 점심)〉에 투고하면서다.
수험 생활 중인 두 딸을 격려하기 위해, 열심히 사는
아버지의 모습을 보여주고 싶었다고. 방송 출연을 계기로
미식 일지를 모아 출간한 책도 어느덧 세 권이다.
음식은 카메라가 아닌 두 눈으로 찰칵 담는다. 그릇과
음식을 30초간 뚫어져라 본 뒤, 그날 저녁 집에서
기억만으로 그림을 그린다. "아무리 취했어도 접시의 무늬는
30종류까지 기억할 수 있다."는 시노다 부장. 그게 가능한
일인가 싶지만, 그가 그린 요리는 고명까지 세밀하다.
누구도 시키지 않은 재밌는 의식을 해내며 그가 바라는 건
하나다. "저의 은밀한 꿈은 이 책에 나와 있는 어딘가의
식당에서, 제 책을 보고 오셨다는 분과 우연히 만나게 되는
일입니다." 혹시 모른다. 그가 기록한 음식점에 찾아간 날,
요리를 가만히 들여다보는 남자를 마주치게 될지. 그럼,
그의 어깨를 톡톡 두들겨보는 거다. "저…시노다 부장님이
맞나요?" 그는 허허 웃으며 푸근한 얼굴로 반겨줄
테다. 그는 누군가에게 식사 일지를 보여주는 일이 무슨
의미가 있는지 아직도 갸우뚱하지만, 재밌게 읽는 사람을
위해서라면 "기쁜 마음으로 위장과 머릿속도 보여주지 않을
수 없다."고 말하는 사람이다.

촘촘한 매일의 기록

그의 두 번째 책《샐러리맨 시노다 부장의 식사일지》에는
기록이 요일별로 나눠 담겼다. 회사 근처 식당을 찾은
월요일, 거래처 사람과 술을 마신 화요일, 마을 자치회
회식이 있던 주말. 여행사 일로 해외 출장을 가면 현지
음식도 맛본다. 누구와 무얼 먹었나 보는 일이 지루하지
않은 건 시노다 부장 특유의 솔직함과 유머 덕분.
롯데리아는 "엉뚱한 짓을 하는 점"이 좋다든지, 좋아하던
반찬이 사라져 "부활시켜 주면 안 될까"라든지.
나도 한 번쯤 떠올려본 생각에 역시 사람 사는 건 똑같다고
생각한다.
시노다 부장의 기록을 살피다 그의 의식을 따라 해보고
싶어졌다. 밥 먹을 때 늘 틀어놓던 드라마도 끄고, 오로지
음식과 접시에만 집중했다. 그렇게 김밥이 맛있던 연희동의
한 분식집은 예쁜 접시를 내어주는 곳이 됐다. 화면을
곁눈질하며 젓가락질 몇 번으로 듬성듬성 채우던 식사
시간은 그릇의 무늬와 재료의 색, 맛으로 채운 밀도 높은
기억으로 자리 잡았다. 시노다 부장은 하루를 이렇게 촘촘히
살아가고 있는 거겠지?
그간 툭 찍어 두고 갤러리 깊숙한 곳에서 꺼내 보지도
않던 많은 음식 사진이 기억난다. 소중한 사진이지만,
그때의 감동과 흥분은 조금 바래져 있다. 한편 시노다
부장은 기억을 노트에 새겨 웃음과 이야기를 만들어냈다.
그는 이 일을 계속할 수 있었던 이유를 이렇게 말한다.
자신이 "다른 사람보다 뛰어나지 않아도 좋지만 다르고
싶"은 사람이어서. 어떻게 해서든 남들과 같아지고 싶지
않은 특유의 성향이 원동력이 됐다는 얘기다. 이 내밀하고
별난 기록이 사랑받는 건 시노다 부장의 독특한 면모를
발견하면서도, 어쩐지 그와 묘하게 닮아 있는 나를
마주할 수도 있기 때문일 것 같다.

다시 가고 싶은 식당의
세 가지 조건

다시 가고 싶은 식당의 세 가지 조건은

① 아주 뛰어난 개성
상당히 개성이 있으면서도 또한 맛이 있는
식당. 〈니시아사히〉의 더블 달걀샌드위치
는 모양도 멋지지만 폭신폭신한 달걀말이
가 달걀 애호가들에게는 참을 수 없는
맛일 터. 당연히 다시 가게 된다.

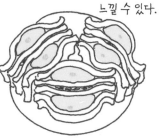

달걀 샌드위치로 충실한 포만감을
느낄 수 있다.

② 응원하고 싶어지는 점주
성실해 보이는 주인이
식당을 운영하면 아무
래도 응원하고 싶어진
다. 물론 맛이 있어야
하는 건 기본이지만.

요전에 개점 2주년을
맞이한 〈양식 우오히
로〉. 이렇게 성실한
가게는 딱히 내가 응
원하지 않아도 잘 되
겠지만.

③ 무조건 항복

기후의
보물이
라고
해도
좋다.

그림을 그리고 나니
먹고 싶어졌다.

2년에 한 번 정도 차원이 다른 맛을 만
나는 경우가 있다. 그럴 때는 무조건 항
복이다. 누가 뭐라 해도 나는 계속 드나
들게 된다. ①②③의 조건을 모두 갖
춘 곳이 기후의 〈고초안 센바〉다. 소바
애호가인 내가 53년의 인생을 살면서
다다른 정점의 식당이다.

2015

0202 점심 〈다이파이 톤〉

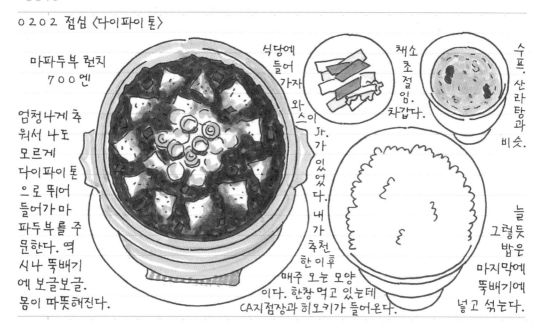

마파두부 런치
700엔

엄청나게 추
워서 나도
모르게
다이파이 톤
으로 뛰어
들어가 마
파두부를 주
문한다. 역
시나 뚝배기
에 보글보글.
몸이 따뜻해진다.

식당에
들어
가자
와스이
Jr.
가
있었
다.
내
가
추천
한 이후
매주 오는 모양
이다. 한창 먹고 있는데
CA지점장과 히오키가 들어온다.

채소
초절임.
차갑다.

수프.
산라
탕과
비슷.

늘
그렇듯
밥은
마지막에
뚝배기에
넣고 섞는다.

식당에서 만난 동료

마케터 H와 회사 근처 백반집을 찾은 날이었다. 옆 팀 동료
G가 무척이나 자주 가는 곳이라고 들었는데. 식사하다
고개를 돌리니 멀찍이 그가 보인다. 잠시 후 탕비실에서
마주친 나와 동료 G, J 팀장. 오늘 식당에서 G를 보았다고
하니 J 팀장이 거기가 어디냐고 묻는다. "여기 바로 앞인데,
백반이 괜찮아요." "오, 그래?" 다음번엔 J 팀장을 그곳에서
마주칠지도 모르겠다.
회사 동료들을 식당에서 마주치는 건 시노다 부장도
마찬가지. 동료 추천 식당은 어디서나 믿음직한가 보다.
'다이파이톤(현재 폐점)'은 시노다 씨가 자주 찾는
음식점이다. 먹는 순서도 정해둘 만큼 익숙한 곳이라면,
맛집이 분명하다. 그럼 그럼.

시노다 부장은 블로그에 매달 일기 서너 편을
꾸준히 게시한다. 일본어를 못하는 내가 구글
번역기를 켜고 띄엄띄엄 읽어도 웃음이 난다.
해마다 조금씩 달라지는 그림체도 감상 포인트.

H. ameblo.jp/n701-703/

맛있는 건 못 참아

팀원들과 자주 가는 한식당은 반찬이 푸짐하고 뜨끈한
국물 요리 중심이라 먹고 나면 늘 배가 가득 부르다. 회사로
돌아가며 매번 우리끼리 "이러다 졸리겠어." 이야기하지만
만족스러운 식사는 계속 찾게 된다. 시노다 부장도
그 굴레를 헤어 나올 수 없나 보다. 오후에 눈꺼풀이 조금
무거워져도, 허기진 배는 따뜻하게 채워줘야 하는 법.
시노다 씨는 평범한 일본식 요리부터 양식, 인스턴트
음식까지 다양한 점심 식사를 즐겨 그림일기가 다채롭다.
여느 직장인처럼 대체로 합리적인 가격의 음식을 찾는다.

시노다 부장이 가장 좋아하는 식당은 'Innover'.
매년 새해 노트 첫 페이지를 장식하는 프랑스
비스트로다. 이곳이 등장하는 페이지는 극찬 일색.
오너 셰프 이노우에 씨는 그와 종종 술 한잔 기울일
정도로 친밀하다.

<u>Innover</u>
A. 일본 아이치현 나고야시 히가시구 다이칸초
29-18 시바타 빌딩 1층

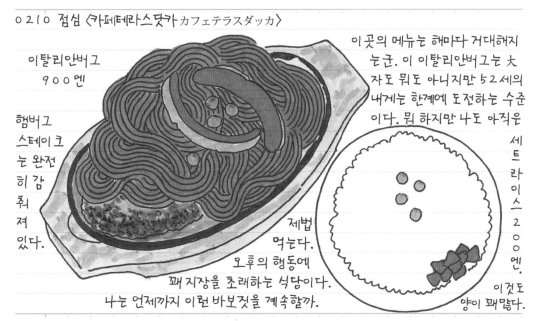

2015

0210 점심 〈카페테라스닷카 カフェテラスダッカ〉

이탈리안버그
900엔

햄버그
스테이크
는 완전
히 감
춰
져
있다.

제법
먹는다.
오후의 행동에
꽤 지장을 초래하는 식당이다.
나는 언제까지 이런 바보짓을 계속할까.

이곳의 메뉴는 해마다 거대해지
는군. 이 이탈리안버그는 大
자도 뭐도 아니지만 52세의
내게는 한계에 도전하는 수준
이다. 뭐 하지만 나도 아직은

세
트
라
이
스
200
0
엔

이것도
양이 꽤 많다.

Book—《샐러리맨 시노다 부장의 식사일지》 시노다 나오키, 박정임 옮김 | 앨리스(아트북스)

MOVIE

테이블 위로 흐르는 장면

식탁에서 시작되고 마무리되는 이야기.
일상이 몰고 오는 고민의 무게는 먹는 일로 덜어낼 수 있다고 믿는다.
아주 조금이라도.

글 이명주

이야기 한 모금　　Movie　　김종관
〈더 테이블〉(2016)

"좋은 거 보면
사진이라도 하나
보내줄 줄 알았어요."

오후 2시 반, 점심을 먹은 후 졸음이 올 때쯤 군것질이
궁금해지는 시간. 여자와 남자, 경진과 민호는 연갈색
캉파뉴를 닮은 테이블을 사이에 두고 앉아 있다. 마른
천으로 물기를 닦은 머그잔과 케이크도 놓여 있지만, 둘은
군것질이 궁금한 게 아닌가 보다. 함께 하룻밤을 보낸 후
홀로 여행을 떠난 민호의 연락을 기다리던 경진. 그녀의
얼굴에서는 약간의 어색함과 그보다 많은 반가움, 그보다
더 많은 야속함이 보인다. 민호는 여행길에서 경진을
떠올리며 사 온 것들을 꺼내며 서툴지만 진심을 전한다.
전보다 까맣게 탄 민호를 보며 웃음이 터지는 경진.
바닥을 확인하며 내딛는 걸음처럼 슬그머니 다가가던 둘은
이내 서로가 같은 마음임을 알게 된다. 음식 잡지 기자가
된 경진에게 민호는 케이크를 표현해 달라고 부탁한다.
"둥그런 초코 케이크 위에 생크림을 쌓아 올렸다. 초콜릿
파우더는 바람에 흘러 눈 위에 앉았다. 카라멜 아몬드는
그 눈 안에 숨어든 보석이다." 고요한 카페에 경진의
나긋한 목소리가 흐른다. 민호는 경진에게 자신의 요리도
먹어보고 표현해 달라고 한다.
자리를 뜬 둘의 테이블에는 반쯤 남긴 커피와 한 입도
먹지 않은 초콜릿 케이크가 남아 있다. 성실한 주인장은
두 사람이 이곳에서 남기거나 안고 간 이야기가 무엇인지
궁금해하지 않는다. 그저 빈자리에 다가와 그릇을 치우고
마른 행주로 훔쳐낼 뿐. 잠시 뒤, 카페의 문이 열리고
연갈색 캉파뉴를 닮은 그 자리에 또 다른 사람들이 앉는다.
어떤 장면이 흐르든 같은 테이블에 앉은 사람들만 입에
넣고 음미하며 감각으로 기록해 둘 수 있다. 먹는 시간
동안 벌어진 일은 온전하게 먹는 이들의 몫이니까.

ⓒ〈더 테이블〉

함께 먹는 사이　　　Movie　　　마츠모토 소우시
〈아오바의 식탁〉(2021)

> "그래도 지금에 이르렀잖아.
> 이런 모습이 쌓이고 쌓여
> 지금 우리가 된 거니까."

도쿄의 저녁, 아오바 가족의 식탁에는 갓 완성된 따끈한 요리가 오른다. 고기와 쪽파를 잘게 썬 소가 든 만둣국, 큼지막한 토마토를 넣은 달걀 볶음, 봉긋하게 담은 밥과 어른들을 위한 맥주까지, 모두가 힘을 모아 분주하게 만들어낸 식사는 한껏 구미를 당긴다. 오늘은 식탁에 특별한 손님이 한 명 있다. 아오바의 오랜 친구이자, '하짱 라이스'라는 메뉴가 유명한 음식점을 운영하는 토모요의 딸 유코가 여름 방학 특강을 듣기 위해 잠시 신세를 지기 때문. 조심스레 식탁에 앉던 유코는 끼니를 함께 챙기는 사이가 된 아오바와 가까워진다.

무엇이든 잘해서 부럽고 얄미운 토모요, 그런 엄마의 그늘에서 벗어나 나만이 잘하는 것을 찾고 싶은 답답함을 털어놓은 유코에게 아오바는 말한다. "너무 애쓰지 마. 이 길이 아닌 것 같다면 다시 찾으면 그만이야. 딱 하나만 잘 찾으면 돼." 그러고는 결심한 눈으로 덧붙인다.

"유코, 나 토모요를 만나고 올게." 알고 보니 둘은 이미 20년 전에 절교한 사이였다. 볶음밥 위에 넓게 부친 계란을 올리고, 고추기름 섞은 양념장을 올려 먹는 하짱 라이스는 사실 아오바의 아이디어다. 둘은 함께 음식점을 오픈하려고 했지만, 아오바는 유코와 같은 고민을 하다 포기했다.

끊어진 사이의 어색함을 채우는 건 시간이 아니라 음식인 걸까? 늦은 밤, 간단히 만든 오차즈케를 앞에 둔 채 토모요와 아오바는 서운함과 미안함, 그 시절 나누었던 추억에 대해 성급하지 않게 풀어둔다. 정적이 흐르면 '맛있다'든가, '음'이라든가 감탄사로 채우고 묵은 감정을 비우듯 그릇을 비운다. 다시 함께 먹는 사이가 된 이들의 뒷모습은 이전보다 더 둥글고 다정해 보인다. 함께 먹고 웃던, 지금은 그럴 수 없는 사람의 얼굴이 떠오르지만 나에겐 하짱 라이스도, 오차즈케도 없다는 핑계를 대어본다.

ⓒ〈아오바의 식탁〉

모두 다른 모양

Movie

샤오 야 췐
〈타이베이 카페 스토리〉(2010)

"이건 에클레어.
두얼이 제일 잘 만드는 디저트예요.
각각의 길이가 다 다르죠.
음식도 사람들처럼 제각기 다르기 때문이죠."

커피 머신이 작게 웅얼거리며 잔으로 커피를 쏟아낸다.
그 옆에서 카페 주인인 두얼은 디저트를 만드느라 바쁘다.
치즈케이크, 티라미수, 에클레어, 시폰케이크…. 매일 새로
굽는 디저트가 단 냄새를 풍기지만 정작 찾는 이가 없다.
설상가상 친구들이 전해준 개업 기념 선물 때문에 가게가
여태 시장통이다. 동생 창얼은 '물물교환'으로 이 쓸모없는
것들을 한꺼번에 치우리라 계획한다. 카페에서 돈으로
살 수 있는 건 커피와 베이커리뿐, 물건이 갖고 싶다면
다른 물건으로 교환하거나 재능을 기부해야 한다.
하다못해 '이야기'라도 좋다. 고민하고 흥정하는 사이,
사람들은 자연스레 커피와 디저트가 필요할 테니까.
하루는 카페에 온 남자 손님이 두얼에게 비누 서른다섯
개를 주며 각각이 가진 이야기를 들려준다. 잊을 만할 때쯤
오는 남자한테서 듣는 환상적이고 엉뚱한 이야기는 두얼을
카페가 아닌 낯선 바깥세상 어딘가로 데려간다. 두얼은
창얼에게 말한다. "언젠가 내 이야기도 들려줄 날이
왔으면 좋겠네." 특별한 물물교환으로 유명해진 카페는
한 여행사의 인수 제안을 받는다. 두얼은 흔쾌히 응하며
자신의 지분을 서른다섯 개국으로 떠날 수 있는 비행기
티켓으로 교환한다.
기억을 짚어 보니, 수요일마다 만드는 두얼의 에클레어는
길이가 전부 달랐다. 어떤 날은 반죽을 조금 적게 만들었을
수도, 늦게 출근한 바람에 마음이 급해져 실수했을 수도,
아니면 일부러 제멋대로 완성한 날도 있겠다. 요리 하나를
오차 없이 똑같이 복제할 수 없듯 삶의 모양도 마찬가지다.
매 순간 선택과 행동을 거듭하며 자신만의 이야기를
쌓아가는 사람은 어떤 모양과 향을 지니든, 언제 완성되든
모두 고유하게 존재한다. 서로 다른 에클레어처럼.

© 〈타이베이 카페 스토리〉

제주 사는 재미

어촌이자 농촌이자 산촌인 제주에서 사는 재미에 대해 얘기해 줄까요?

글 정다운 사진 박두산

농촌 제주

제주에 산 지 얼마 되지 않았을 때 해안 도로를 달리다 가벼운 접촉 사고가 난 적이 있다. 트럭이 중앙선을 침범해 우리 차와 부딪혔다. 다행히 블랙박스가 작동하고 있어서 상대 측 과실 100퍼센트가 입증되었다. 합의를 위해 경찰서에서 만난 상대는 트럭에서 감자 한 박스를 가져오더니 우리 차 트렁크로 옮겨주었다. 박스에는 '구좌 감자'라고 써 있었다. 무뚝뚝한 농부라 딱히 무슨 말을 더 얹진 않았지만, 미안하다는 의미였던 것 같다. 갑작스러운 사고로 놀란 마음이 조금 누그러졌다. 감자 한 박스를 볶아 먹고 부쳐 먹고 쪄 먹는 동안 우리가 제주도로 이사 왔다는 게 실감이 났다. 불쾌했던 사고가 재미있는 에피소드가 되었다. 이런 비슷한 일은 그 후로도 종종 있었다.

최근 취재 때문에 한 삼춘(제주에서 웃어른을 부르는 말)을 만나서 인터뷰를 했다. 올겨울 당근 파치를 한 번도 줍지 못했단 얘기를 했더니 인터뷰가 끝나자마자 자신의 당근밭으로 나를 데려갔다. 그리고 내 차 트렁크에 유기농 당근 한 박스를 실어주셨다. 집으로 돌아오는 길, 인터뷰를 잘했는지 여부를 떠나 이 정도면 성공적인 취재였다는 생각이 들어 실실 웃음이 나왔다. 그날 저녁 바로 신선한 당근을 채 썰어 식초와 후추 등만 간단히 뿌려 당근 라페를 해 먹었다.

사실 제주 동쪽에 살다 보면 겨울철에 당근과 무를 마트나 시장에서 사 먹을 일이 별로 없다. 구좌읍 부근을 지나다 보면 수확이 끝난 밭에 농작물이 나뒹굴고 있는 모습을 흔하게 본다. 수확이 완전히 끝난 밭에선 남아 있는 농작물인 파치를 주워도 대체로 문제가 없다. 작년에는 운이 좋게도 수확을 방금 마친 밭을 만나, 차를 세우고 쭈뼛거리고 있자니 밭 주인이 어서 와서 파치 가져가라고 손짓을 한 적도 있었다. 두 박스 가득 주워 겨우내 당근 주스를 한없이 짜서 마셨다. 무도 마찬가지. 커다란 무 하나만 주우면 며칠 식탁은 걱정이 없다. 처음엔 욕심이 나서 서너 개 줍기도 했지만, 이제는 딱 하나만 줍는다. 하나면 충분하다. 겨울 동안 차 트렁크에는 장갑과 박스가 상비되어 있다. 언제 파치가 있는 밭을 만날지 모르니 언제든 주울 준비가 되어야 한다.

여름 한철 해수욕장 앞에서 음료수 가게를 운영한 적이 있다. 아이스커피, 에이드, 모히토 같은 시원한 음료수를 테이크아웃으로 팔았다. 모히토를 만들려면 애플민트가 필요하다. 당연히 마트에서 사려고 했는데, 놀랍게도 단 한 번도 애플민트를 산 적이 없다. 마을 사람들이 마당의 민트를 뿌리째 뽑아서 가져다줬다. 신선한 애플민트를 머들러로 찧어 만든 모히토는 정말 맛있었다.

감자, 당근, 애플민트가 저절로 생기는 섬에서 또 하나 저절로 생겨나는 건 단연 귤이다. 이번엔 내가 나눌 차례. 부모님이 서귀포에서 귤 농장을 하셔서 겨울이면 언제나 귤이 넘친다. 트렁크 가득 귤을 채워 집으로 돌아오는 길, 동네 친구들 집에 들러 귤을 나눈다. 그뿐 아니라 서울에 갈 일이 있을 때면 잊지 않고 가방에 귤을 넣어 간다. 그리고 만나는 사람들에게 귤을 건넨다. 비행기 옆자리에 앉은 어린이나 택시 기사님께 한두 개 드리기도 한다. "제가 방금 제주도에서 왔거든요. 저희 밭 귤이에요." 하며 귤을 건네면 기사님들 얼굴이 순식간에 환해진다. 서울에 갈 때 빵빵하던 가방이 제주로 돌아오는 길 홀쭉해져 있는 게 좋다. 한번은 서울의 병원에서 검사를 할 일이 있었다. 검사 시간이 밀려 마지막 비행기를 놓칠 것 같았다. 직원에게 가서 사정을 말하며 오늘 늦지 않게 검사를 했으면 한다고 말했더니, 동생이 제주에 살고 있어 이해한다며 순서를 조금 조정해 주었다. 다행히 가방에 귤이 있었고, 검사를 무사히 끝내고 나오면서 직원에게 귤을 건넨다. 웃을 일이 많지 않은 병원에서 우리는 서로 마주 보고 잠시 웃었다. 흔하디흔한 귤 몇 알이 해낸 일이다.

어촌 제주

5월 말부터 6월 중순까지 제주는 성게 철이다. 5월이 되면 벌써 심장이 두근거린다. 올해는 성게를 구할 수 있을까! 성게는 주로 해녀 작업장에서 해녀 삼춘들에게 직접 구매한다. 쉬운 일은 아니다. 고도의 눈치와 인내심 그리고 정보력이 필요하다. 일단 성게 작업을 하는 날을 알아야 한다. 이 시즌에는 우뭇가사리 작업을 하는 날이 더 많아서 성게 작업을 할 확률이 높지 않다. 오늘 성게 작업을 한다는 걸 알게 되면, 구매할 타이밍을 노려야 한다. 성게 물질이 끝난 뒤, 해녀들은 모여 성게 알을 깐다. 이 작업이 모두 끝날 즈음 해녀 작업장으로 가서 대장 삼춘을 찾아야 한다. 대장 삼춘이 누군지 알아차리는 건 순전히 눈치다. 그리고 용기 내 말을 건넨다. "삼추운— 성게 살 수 있어요?" 굳이 지나가는 사람한테 성게를 팔 필요가 없는 삼춘들은 바쁜 와중에 사겠다고 찾아오는 사람을 오히려 귀찮아하기 때문에 최대한 공손하고 친근하게 다가가야 한다.

하지만 일단 성게 구매에 성공하면 이 모든 과정이 하나도 수고롭지 않게 느껴진다. 챙겨 간 커다란 통에 성게 1킬로를 담아 집으로 돌아가는 길에는 마치 사냥에 성공한 사냥꾼 같은 기분이 든다. 성게는 감자나 당근, 귤처럼 트렁크에 싣는 게 아니라 옆자리에 태운다. 혹시나 상할까 에어컨도 제일 세게 튼다. 옆자리를 볼 때마다 웃음이 난다.

성게를 산 날 저녁은 무조건 성게 비빔밥이다. 흰 밥을 새로 한 다음, 갓 지은 밥 위에 성게를 한 국자 크게 얹고 김과 참기름, 깨를 뿌리면 끝이다. 다른 반찬도 필요 없다. 쓰다가 침이 입안에 고였다…. 아끼지 않고 넉넉하게 먹고 남은 성게는 조금 덜어 다음 날 성게 파스타를 위해 냉장고에 넣고, 나머지는 소분해서 얼린다. 미역국을 끓일 때 넣을 계획이다.

사실 작년에는 성게를 사지 못했다. 눈치작전에 한 번 실패하고 나서 의기소침해졌고, 무엇보다 가격이 너무 많이 올라서 머뭇거리다 보니 성게 철이 지나갔다. 올해는 꼭 사야지. 오늘부터 하루에 천 원씩 성게를 위한 저축을 해야겠다. 그리고 바닷가 근처에 갈 일이 있을 때면 잊지 않고 현금을 챙겨 가야지.

산촌 제주

제주에 봄이 한창인 4월부터 5월까지 중산간을 지나다 보면 커다란 보따리를 짊어지고 허리를 숙인 채 들판을 천천히 걷는 사람들을 자주 만나게 된다. 유명한 관광지가 아닌 평범한 목초지 입구에 차들이 줄지어 주차해 있는 풍경도 흔하다. 일명 '고사리꾼'들이다. 먹고살기 힘든 시절 제주에는 '고사리 방학'이라는 게 있을 정도였다고 한다. 어린이들도 학교에 가지 않고 고사리를 꺾었단다. 서귀포시 남원읍에서는 매년 4월 말이면 '고사리 축제'가 열리기도 한다. 그 시기 제주에 유채꽃과 벚꽃 구경 온 상춘객들은 비가 오면 울상이 되지만, 우리 도민들은 관광객한테 보이지 않게 고개 돌리고 씩 웃는다. '고사리 장마로구나!' 이 비가 그치고 나면 고사리가 쑥쑥 올라올 것이다. (환호!) 중산간 깊숙한 곳에 있는 집에 살 때였다. 집 앞 도로는 비포장 흙길이라 처음 오는 사람들은 당황해 길을 헤매기 일쑤이고, 내비게이션도 집으로 들어오는 입구에서 끊겨버린다. "목적지에 도착했습니다. 안내를 종료합니다." 하지만 집은 보이지 않고 대나무와 소나무만 보이는, 뭐 그런 곳에 집이 있었다. 평소 오가는 차가 하루에 서너 대뿐이고 지나는 사람은 모두 아는 사람들인 이런 산골 오지 동네에서 '고사리 철'이 되면 낯선 차를 자주 볼 수 있다. 그 말은 몇 걸음만 걸으면 내 고사리밭을 만날 수 있다는 이야기이기도 하다. 정말이다. 거기서 나는 고사리 다 내 거다(내 명의의 땅 아님).

하지만 보통 나보다 훨씬 일찍 일어난 다른 동네 사람이 먼저 와서 고사리를 다 꺾어버린다. '저거 다 내 건데.' 낯선 차를 만날 때마다, 집 바로 근처에서 허리 숙여 고사리 꺾는 사람들을 목격할 때마다, 입을 삐죽거리게 된다. "고사리는 자기가 사는 동네에서만 꺾을 수 있도록 법을 재정해야 한다!"고 허공에 대고 외쳐본다. 하지만 고사리의 매력은 평등함이니까. 고사리밭 앞에 살거나 말거나 내 명의의 땅이 있거나 말거나 일찍 일어나서 허리를 숙인 사람만 숙인 만큼 가져갈 수 있는 게 고사리니까. 제주에선 봄이면 부자든 가난하든 나이가 많고 적고 상관없이 모두가 똑같이 챙 넓은 모자를 쓰고 주머니가 커다란 앞치마를 두르고 장화를 신고 가시덤불 사이로 손을 넣어 고사리를 꺾는다. 매일 저녁 내일은 나도 아침 일찍 일어나 제일 먼저 고사리를 꺾어야지 결심하지만 언제나 더 부지런한 사람들이 휩쓸고 지나간 후다. 그래도 괜찮다. 언제나 한 끼 요리해 먹을 고사리는 꺾을 수 있다. 그 고사리로 파스타를 해 먹어야지. 그거면 충분하다.

인간적으로 집밥은
집에서 먹어야 제맛이다

나의 엄마는 이은자요, 아부지는 김종원이다. 너무 평범해서 구글에 검색해도 나오지 않는 이 평범한
이름들이 나의 식구다. 한때 함께 식사했던 사이고, 앞으로도 가끔 함께 식사할 사이다. 우리는 얼마나
더 많은 밥을 나눠 먹게 될까? 종종 그 끝을 생각한다.

글·사진 김건태

아부지는 구식 자동 응답기 같다. 가끔 통화를 할 때면 늘 정해진 말만
하다가 끊기 때문이다. "밥은 잘 먹고 다니냐?" "네, 파스타 먹었어요."
"얘가 밥을 안 먹어서 어떻게 해." "에? 밥 먹었다니까요." "밥을
먹어야지. 밥을." 트러플을 잔뜩 묻힌 파스타를 먹고, 열두 가지 재료로
삶은 한방 족발을 먹었다 해도 아부지는 쌀이 아니면 안 된다는 주의다.
"요즘 애들은 밥을 안 먹어서 큰일이다." 한국전쟁 피난민 같은 말만
되풀이하지만 아부지와 나는 고작 25살 차이밖에 안 난다.
아부지의 밥에 대한 집착은 어디에서 비롯된 걸까? 엄마가 집을 나간
뒤 아부지는 동생과 나를 먹여 살리는 일에 최선이었다. 비유가 아니라
진짜로 끼니를 챙기는 데 진심이어서 단 하루도 아침을 거르게 하지
않았다. 하루는 아침으로 아부지의 특급 요리, 3분 카레밥이 나왔다.
인스턴트의 정수를 느낄 수 있는 맛이었다. 늘 잠이 부족했던 나는 카레에
얼굴을 박은 채 기절해 버렸고, 때마침 화장실에서 나온 첫 번째 목격자가
소리쳤다. "아빠! 오빠 죽었어!" 살인 사건을 기대했던 동생의 바람과는
달리 나는 살았다. 살아서 하루 종일 얼굴에 인도 뒷골목 냄새를 풍기며
돌아다녔다.

돌이켜 보면 아부지에게 끼니를 챙기는 일이란 일종의 속죄가 아니었을까
싶다. 이혼 뒤 자신의 과오를 자책하며 자식들에게 희생하는 역할, 그런
빛바랜 통속이 아부지에게는 있는 것 같다. 안정과 평균을 중시하는
아부지에게는 미안하지만 나는 이혼 가정의 자식이라는 유니크한 상황이
좋다. 왠지 사고를 쳐도 '부모가 이혼했는데 어쩌라고요!'라며 까불 수
있을 것 같아서다. 그러나 요즘 같은 시대에 이혼은 별일이 아니다.
통계적으로 하루에 526쌍이 결혼하고 255쌍이 이혼한다. 늘 평균 이하의
삶을 살아온 나는 결혼도 전에 이혼을 걱정한다.
카레 참사 이후, 시간은 무럭무럭 흘러 아부지와 동생과 나는 서로를
떠나 각자의 식탁을 갖게 됐다. 동생은 엄마와 결합해 엄마랑 밥을 먹고,
아부지는 새엄마와 살며 새엄마랑 밥을 먹는다. 나는 〈맛있는 녀석들〉을
보며 '배달의민족'을 먹는다. 매일 다채로운 메뉴를 고를 수 있다는
점에서 내 집밥은 아주 훌륭하다. 내로라하는 셰프들의 음식을 소파에
누워서 먹을 수 있다는 게 얼마나 만족스러운 일인지 아부지는 이해하지
못한다.

요즘에야 '집밥'이라는 단어가 온기와 향수의 키워드처럼 여겨지지만,
나는 집밥을 생각하면 술안주가 먼저 떠오른다. 아삭하게 버무린
골뱅이무침과 자글자글 삼겹살 김치전골, 살이 통통하게 오른 닭발 같은
것들. 초등학생 아들 생일상에 골뱅이를 내어준 엄마는 당신이 좋아하는
술안주에 있어선 백종원 선생 뺨치는 실력자다. 하지만 단지 그뿐, 평범한
음식엔 영 소질이 없다.
얼마 전 명절엔 엄마가 동생과 함께 식사를 하자며 먹고 싶은 음식을
물었다. 명절엔 한국 전통 요리를 먹어야지, 하는 생각으로 LA갈비와

잡채를 요청했다. 엄마라는 존재는 당연히 LA갈비와 잡채쯤은 잘할 줄 알았다. 하지만 이게 웬걸, 갈비는 짜면서 싱거웠고, 희끄무레한 잡채에는 목이버섯이 빠져 있었다. "나는 살면서 목이버섯이 들어간 잡채를 먹어본 적이 없어." 엄마는 대체 어떤 인생을 살아온 걸까?

빙초산 장아찌며 파프리카 된장찌개 같은 음식을 보고 있으면, 엄마에겐 자기만의 요리 철학이 있는 듯하다. 엄마는 한때 고향인 제주에서 작은 식당을 연 적이 있다. 메뉴는 제주식 고기 국수 하나였다. 메뉴가 단출했기에 사람들은 동네에 엄청난 실력자가 나타난 줄 알았을 것이다. 하지만 엄마의 국수는 너무나 집밥 같았다. 집에서 먹기엔 괜찮지만 밖에서 사 먹기는 애매한 그 무언가. 주위에서 조금 더 자극적인 맛을 요구해도 엄마는 묵묵부답이었다. "요즘 사람들한테는 집밥이 필요해." 하지만 정말 집밥이 필요한 사람들은 집 밖에 나오지 않았고, 엄마의 식당은 빛의 속도로 망했다. 두 번 다시 고기 국수를 만들지 않았으므로 엄마의 고기 국수는 전설 속의 메뉴가 됐다.

TV 프로그램 〈놀면 뭐하니?〉에서 돌아가신 할머니의 만두를 복원하는 에피소드가 나왔다. 할머니의 고향 시장을 돌며 단서를 찾고, 대기업 연구원들의 집요한 실험 끝에 제법 완성도 있는 레시피를 추출했다. 할머니가 없는 식탁에서 그녀의 딸과 손녀가 함께 만두를 빚는 장면은 눈물 없인 볼 수 없을 정도였다. 나는 촉촉해진 눈가를 닦으며 배민으로 불고기 피자를 시켰다. 감동은 감동이고 맛있는 건 불고기 피자이기 때문이다.

그러고 보니 내게도 할머니의 맛이 있다. 살아생전 할머니는 새우젓을 잔뜩 넣은 생선찌개를 즐겨 끓였다. 짠맛을 느끼지 못하는 할머니의 미뢰 덕에 우리의 식사 시간은 거의 도파민 파티였다. 음식이 너무 짜서 얼굴이 마비될 지경이었는데, 그 맛에 중독돼 나중에는 삼다수에서도 새우젓 맛이 느껴질 정도였다.

할머니의 찌개, 아부지의 카레, 엄마의 잡채를 떠올리면 식구란 인내심이 좋은 사이를 말하는 거구나 생각하게 된다. 부족한 음식도 참아줄 수 있는 사이, 그 경험을 추억으로 곱씹을 수 있는 사이, 음식은 거들 뿐 함께 보내는 시간이 더 귀해진 사이. 부모가 이연복 선생이었다면 조금 더 훌륭한 집밥을 기대할 수 있었겠지만, 부모를 바꾸기엔 너무 멀리 와버렸다. 부모 역시 미슐랭 레스토랑 하나 못 데려가는 자식이 부끄러울지 모른다. 그러니 겸허한 마음으로 우리가 한 식탁에 앉아 밥을 먹는다는 사실에 감사할 뿐이다.

나는 종종 부모와 얼마나 더 많은 시간을 함께 식탁에 앉을 수 있을지 헤아려본다. 1년에 한두 번, 엄마와 아부지가 평균 수명까지 산다고 가정했을 때 우리는 앞으로 30번 남짓한 식사를 함께할 수 있다는 계산이 나온다. 쓸 때마다 차감되는 발 마사지 회원권처럼 한 끼 한 끼 소중하게 사용해야 하는 것이다. 그런 의미에서 다음 명절엔 엄마한테 고기 국수를 주문해 볼 생각이다. 최대한 무미건조한 표정으로 국물까지 쭉쭉 다 마신 다음 기뻐하는 엄마를 향해 이렇게 말해줘야겠다. "여전히 전설적인 맛이로군. 집에서만 즐기는 게 좋겠어."

낯선 것들로 직진

글 배순탁—음악평론가·〈배철수의 음악캠프〉작가

01.

'Pseudo-creme'
— Ebi Soda

02. 'Eien no Blue'
— Hitsujibungaku

03. 'What a Wonderful World'
— Jon Batiste

우리 대부분에게 삶은 개척하는 것이라기보다는 견디는 것이다.
과연, 일상은 매일 표정을 달리하면서 우리의 불안을 요동치게 한다.
그렇다면 이 불안, 대체 어떻게 해야 잘 다룰 수 있다는 말인가.

영화를 보고, 책을 읽는다. 음악을 듣고, 미술관에 가서 휴식도 취해본다.
그러나 장담컨대 그 어떤 취미도 따뜻한 한 그릇이 주는 위안에 미치지 못한다.
아무래도 그렇다. '음식을 먹는다'는 건 참으로 양면적인 행위다. 본능과 예술을
모두 아우른다는 측면에서 그렇다.

그렇지 않나. 먹지 않으면 우리는 죽는다. 우리에게 필수인 '의식주' 중 채워지지
않으면 나의 생명과 직결되는 요소는 오직 하나, '식'뿐이다. 나는 음반을 사기
위해 돈을 번다. 게임을 하기 위해 열심히 일을 한다. 그러나 이 모든 목적에
무조건 선행하는 절대자가 있다. 나는, 생명을 유지하기 위해 오늘도 힘든
몸뚱이를 부여잡고 출근 도장을 찍는다. 이것은 의지라기보다는 본능이다.
먹고 살아야 한다. 그러기 위해서는 화폐를 벌어야 한다. 당연한 이치다.
나머지는 있으면 참 좋을 특별 보너스 비슷한 것일 뿐이다.

반면 먹는다는 동사를 행하게 하는 요리는 갈수록 예술의 영역으로
인정받고 있다. 이런 측면에서 요리는 음악, 벽화와 함께 인류 예술의 오랜
삼대장이라고도 볼 수 있다. 한 끼에 10만 원은커녕 20만 원을 호가하는
오마카세에 사람이 몰리고, 밥보다 더 비싼 디저트 카페에 하염없이 줄을 선다.
나 역시 마찬가지다. 내가 가장 사랑하는 요리 중 하나가 스시다. 이번 달은
조금 넉넉하다 싶으면 못 가 본 스시 오마카세 집을 검색하고, 스시를 즐긴다.
단지 맛 때문만은 아니다. 식당 분위기, 접시 위에 놓인 스시의 아름다운
모양새 등 감상할 거리가 여럿이다. 감상할 거리는 비단 스시뿐만도 아니다.
분야와 무관하게 뛰어난 요리사는 예술가와 진배없다고 생각한다.

몇 달 전 경복궁 옆 베이글 가게를 지나다가 대기하는 사람들을 보고 기겁한 적이 있다. 나는 베이글에 큰 관심이 없다. 애초에 빵을 잘 안 먹는다. 그렇지만 깜짝 놀랄지언정 "베이글 따위에 왜 저러는 거야?"라고도 전혀 생각하지 않는다. 어쨌든 중요한 건 다음과 같다. 베이글 하나를 구입하기 위해 두 시간 기다리기를 마다하지 않는 사람들에게 '먹는다'는 건 이미 본능의 영역을 넘어선, 어떤 실천적 의지의 결과라는 것이다. 그게 인스타나 유튜브 조회 수를 위한 것이든 어떻든 간에 말이다.

다만 이런 의문은 든다. 어느새 우리가 어떤 영역에서든 낯선 것 즐기기를 점차 꺼리고 있다는 점이다. 요약하면 목하 평점의 시대다. 우리가 평점에 집착하는 이유는 명확하다. 실패하지 않기 위해서다. 지금 시대에 평점은 마치 동조 압력처럼 작용한다. 당신도 그럴 것이고, 나도 그렇다. 배달 음식이건, 직접 방문이건 평점을 확인하지 않는 경우는 거의 없다. 즉, 남이 좋다고 하는 걸 구입하는 시대라고도 정리할 수 있다.

그래서 내가 요즘 습관 들인 게 하나 있다. 신경 꺼버리는 거다. 그냥 내 감을 믿고 이순재 아저씨처럼 직진하는 거다. 뭐, 실패할지도 모른다. 음식이 인간적으로 이건 아닌데 싶은 때가 없지 않을 것이다. 하지만 그러면 또 어떤가. 한 끼 식사 정도는 실패할 수도 있는 게 인생 아닌가. 사업에 실패하면 곤란하다. 입시에 실패해서도 안 될 것이다. 그러나 우리는 어느새 취향의 영역에서까지 실패하지 않으려 애쓰는 존재가 되어버렸다.

내가 음악 추천 서비스를 거의 사용하지 않는 이유도 이와 같다. 이걸 쓰다 보면 어느새 내 취향의 벽에 둘러싸여 갇혀버리는 것 같아서다. 세상에는 내 취향 아닌 음악 중에도 훌륭한 음악이 널려 있다. 물론 그 과정에서 "레알 별로네." 싶은 때도 있을 것이다. 그러나 추천 서비스에 의존하다 보면 같은 이유로 생경한 스타일의 음악을 통해서만 느낄 수 있는 진정 놀라운 순간을 거의 만날 수 없다. 그래서 나는 오늘도 러닝을 할 때마다 아예 모르는 곡을 틀고 뛴다. 오랜 습관이다. 이 습관을 통해 발견한, 그리하여 나의 일상을 견디게 해주는 순간들을 소개한다.

'Pseudocreme'
Ebi Soda

처음 들어봤을 확률이 높은 이름일 것이다. 영국 런던 출신
재즈 밴드다. 일할 때를 제외하면 나는 거의 예외 없이
모르는 곡만 들으려 노력한다. 그 결과 발견한 보석이
바로 이 곡이다. 어떤 식당에 갈 때 우리는 이렇게 말하곤
한다. "이 집은 이거 먹으러 오는 거야." 동일한 방식으로
설명한다. "이 곡은 베이스 들으려고 듣는 거다." 기가 막힌
그루브가 당신의 몸을 꿀렁이게 할 것이다.

'Eien no Blue'
Hitsujibungaku

원래 알고 있는 밴드였다. 히츠지분가쿠, 한국식 한자
발음으로 하면 양문학羊文学이다. 처음 이 밴드의 존재를
알게 된 건 2018년 싱글 'Drama'를 통해서였다. 일단
이름이 양문학 아닌가. 대학원까지 영문학과를 다니는
사람으로서 듣지 않을 수가 없었다. 그러다가 한동안
커리어를 추적하지 않고 있었는데 2023년 공개한 이 곡을
몇 달 전에야 알게 됐다. 히츠지분가쿠는 한국에서도 이미
인기가 대단하다. 내한 공연 티켓이 순식간에 싹 다 팔렸다.
멜로딕하고, 부담스럽지 않은 록을 즐기고 싶을 때 이만한
밴드가 진짜 없다. 'FOOL', '1999' 등도 추천한다.

'What a Wonderful World'
Jon Batiste

존 바티스트, 당연히 잘 안다. 'What a Wonderful
World'를 내가 모를 리 없다. 한데 존 바티스트가 부른
이 버전은 2018년 발매 당시 듣지 못했다. 1년 정도 지난
뒤에야 처음 이 곡을 접했던 순간이 기억난다. 약속이
있어 어디론가 향하는 길이었다. 그러나 이 음악이 흐르는
순간 멈춰 설 수밖에 없었다. 거짓말이 아니다. 가끔
그런 순간을 만난다. 음악을 통해 나의 존재가 완전하게
충만해지는 듯한 느낌이 드는 그런 순간. 나에게는 이 곡이
그랬다. 넷플릭스에 있는 존 바티스트 다큐멘터리도 꼭
감상해 보시라.

[Honk If You're Sad] (2022)

[12 hugs (like butterflies)] (2023)

[Hollywood Africans] (2018)

사회생활을 처음 시작하던 날, 실내화를 챙기며 설레는 마음을 주섬주섬 가방에 함께 담았다. 출근 첫날, 아직 할 수 있는 게 없어 끄덕끄덕 배우기만 하고 집에 돌아왔을 때 엄마가 물었다. "점심은 어떻게 해?" 사 먹는다고 하자 엄마는 오늘 내가 했던 것처럼 그저 '끄덕' 한 번 하더니 다음 날 출근하는 내 손에 보따리를 하나 쥐여주었다. "맛있게 먹어." 점심시간 풀어본 보따리 속에는 조그마한 밀폐 용기 안에 김밥이 가지런히 담겨 있었다. 초등학교 운동회 날 먹던 김밥처럼 반갑고 소박한, 집에 있는 반찬들이 알알이 박혀 있는 익숙하고 단정한 모습. 하나씩 하나씩 한 시간을 들여 꼭꼭 씹어 먹었다. 그렇게 매일 엄마가 싸주는 도시락을 먹으며 일에 익숙해질 무렵, 두 번째 회사에 들어갔다. 두 번째 회사에선 도시락을 함께 먹을 친구가 생겼다. 여전히 매일 아침 엄마 도시락을 들고 다녔다. 조금 달라진 점이 있다면 이젠 밀폐 용기가 아니라 귀여운 도시락통이 생겼다는 것. 우리는 12시가 되면 부리나케 공용 테이블에 도시락을 올렸다. 반찬이 두 배가 됐고 식탁이 풍성해졌다. 우리는 내친김에 국까지 챙겨 먹자며 쌀국수 육수 원액을 사다가 회사 냉장고에 넣어두었다. 쿰쿰한 냄새가 나는 그것을 몇 스푼 떠서 텀블러에 담고 뜨거운 물을 부으면 근사한 육수가 됐다. 쿰쿰한 냄새가 생각보다 강해서 뚜껑을 열면 코를 막곤 했지만, 물을 붓고 나면 그보다 따뜻할 수 없었다. 동료는 종종 집에서 만든 카레나 부대찌개 같은 것도 싸 들고 왔다. 전자레인지에 데워 먹으면 갓 차린 밥상처럼 푸근하고 풍성해서 마음부터 불렀다. 동료와 떠들며 밥 먹는 점심시간은 매일 즐거웠다. 첫 회사에선 느릿느릿 꼭꼭 씹어 먹는 점심시간을 보냈다면, 두 번째 회사에선 풍족한 식탁을 사이에 두고 웃느라 정신없이 보냈다. 다른 동료들이 뭐가 그렇게 웃기냐고 물을 정도로, 소리 내 웃느라 혼이 쏙 빠질 정도였다. 많이 웃고 울었던 두 번째 회사를 퇴사하고, 이젠 제법 사회인 느낌을 풍기며 세 번째 회사에 입사했다. 어엿한 사회인이 되었지만 아직도 마음이 영글지 못해 매일 아침 엄마가 도시락을 싸주는 게 얼마나 대단한 수고인 줄 몰랐다. 그저

고맙다는 말로, 맛있다는 말로 보답하는 게 전부였다. 엄마는 가끔 밥에 완두콩으로
하트를 그려주었다. 감태를 뿌려 마리모 같은 주먹밥도 만들어줬고, 마파두부
덮밥, 갈비, 부침개, 달걀말이, 불고기, 떡갈비, 떡 튀김…. 내가 좋아하는 것들을
푸짐하게 싸줬다. 매일 도시락을 여는 게 설렜다. 밥 친구가 "오늘 도시락 뭐야?"
하고 물으면 "내가 안 싸서 몰라."라고 답하는 게 부끄러운 줄 몰랐다. 그러다
팬데믹 시절이 오고, 사람 많은 전철에 타는 것이 무서워 나는 회사에 조금씩
일찍 가기 시작했다. 그 조금이 점점 빨라져 나중에는 수 시간 일찍 가는 패턴이
되었다. 그러던 어느 날, 꼭두새벽부터 출근 준비를 하다가 방문 열리는 소리를
듣고 문득 깨달았다. '아, 내가 일찍 일어나서 부산을 떨면 엄마가 도시락 싸는
시간도 당겨지는구나.' 나 때문에 엄마 잠 시간이 줄고 있었다. 그날 저녁, 다부진
목소리로 말했다. "내일부터 도시락 내가 쌀 거야!" 그 뒤로 단 하루도 엄마에게
넘기지 않고 도시락을 쌌다. 엄마를 위해 시작한 일인데, 금세 재미가 붙어 점점
본격적이 됐다. 원통 나무 도시락에 종이 포일을 깐다. 큰 대접에 따끈한 밥을 조금
퍼서 후리카케를 뿌린다. 동글동글 조그맣게 굴려 도시락통의 3분의 1 정도 차게끔
쫑쫑 담는다. 대파, 양배추, 양파, 버섯, 좋아하는 채소를 볶는다. 대체로 미소에
볶는데, 가끔 간장이나 굴소스일 때도 있다. 채소 종류가 매번 다르기 때문에 매일
볶아도 항상 맛있다. 어묵을 볶고 연근도 튀긴다. 소시지나 미니 돈가스 같은 걸
두어 개 올리기도 한다. 도시락통을 꽉 채우고 나면 마음이 일렁거린다. '나루토'라
불리는, 빙글빙글 도는 빨간 소용돌이 모양의 오뎅을 살짝 잘라 올리니 어쩐지
귀엽다. 그리고 엄마 요리처럼 맛있게 보이는 마법, 깨를 솔솔 뿌려 마무리한다.
내가 싼 도시락인데 스스로 만족스러워서 매일 아침 사진을 찍었다. SNS에
올리고 기록하는 게 조그마한 기쁨이 됐다. 마감이 밭아 잠을 못 잔 날이면 엄마가
도시락을 싸준다고 하는데, 그럴 때도 손사래 치며 직접 싸겠다고 성화를 부리는,
이상한 쪽으로 고집스러운 딸이 된 건 기쁨일까 아닐까.

면 요리라 함은 우리 집에서 일주일에 두어 번은 먹는 음식이다. 칼국수라든지,
멸치국수라든지, 비빔국수라든지, 골뱅이소면이라든지…. 엄마는 아주 자주
면으로 밥을 차려주었다. 어릴 때부터 그런 점심밥을 먹었기에 특식이라거나
별식이라고 생각해 본 적이 없었다. 그래서 국수나 한식을 사 먹자고 하는
친구들이 늘 신기했다. 집에서 먹는 것들을 굳이? 이젠 엄마가 자주 차려주는
평범한 메뉴가 별식이란 걸 알게 됐는데, 그 대표적인 것이 칼국수와 수제비고,
또한 부침개다. 우리 집엔 언제나 부침가루가 있다. 엄마는 뭐든 넣어서 부친다.
가끔은 아무것도 넣지 않고 부침가루만 부쳐서 먹기도 한다. 봄이 오면 봄동을
부치고, 감자가 들어오면 채 썰어서 부치고, 호박이 생기면 호박 넣어 부치고,
햄을 넣어 부치고, 오징어를 사면 부추랑 같이 부치고, 김치 부침개는 맘만
먹으면 매일 먹을 수도 있다. 처음 한식 주점에 가서 모둠전을 먹은 기억이 난다.
그 당시 물가로 2만 원 가까이 했는데, 공짜로 먹는 엄마 부침개가 200배는
더 맛있었다. 집에서 짜장라면을 끓여 먹을 수 있어도 중국집에서 짜장면을 사
먹고, 집에서 파스타를 해 먹을 수 있어도 사 먹곤 하니까, 바깥 음식은 그만의
색다른 맛이 있으니 모둠전도 그럴 줄 알았는데… 실망했다. 우리 집에서 먹는
게 훨씬 맛있었다. 바삭하고, 재료도 다양하고, 따뜻하고, 원하는 만큼 먹을 수
있고. 무엇보다 나는 부침개를 케첩에 찍어 먹는 사람이기 때문에 케첩과 함께
먹을 수 있는 집 부침개가 훨씬 좋았다. 엄마는 집에서 생선도 자주 구웠다. 나는
일주일에 두 번, 세 번, 많게는 네댓 번씩 생선구이를 먹었다. 당연히 다른 집도
생선을 일반식으로 먹는 줄 알았다. 그런데 듣자 하니 냄새랑 연기가 고약해서
집에선 잘 못 먹는 음식이란다. 살아온 날이 많아지면서 엄마가 차려준 식탁이
특별한 행복이었음을 알게 됐다. 한번은 친구한테 미운 소리 들은 적이 있다.
백반을 먹으러 가자기에 "왜?"라고 물었다. 굳이 찌개를, 굳이 반찬을, 굳이

흰쌀밥을 찾아가서 먹는다는 것에 의미를 찾지 못했고, 사실 파스타가 먹고
싶어서 그랬다. "한식은 집에서 먹으면 되잖아!" 스스로 철이 없다고 생각해 본
적이 없는데 돌아보니 이땐 정말 철이 없었다. 친구는 "자취생 마음도 모르고!"
하며 톡 쏘아붙였다. 엄마 밥이 먹고 싶다고 했다. 아, 그렇구나. 내가 엄마의
존재를 너무 당연하게 생각했다. 그땐 어렸고… 어렸다는 말로 무마할 수 없는
무심함이었다. 친구에게 금세 미안해졌다. '엄마 사랑해, 엄마 보고 싶어, 엄마 나
예쁘지?' 그런 말을 다 커서도 달고 사는 딸이면서 엄마가 차려주는 밥은, 아빠가
사다주는 식재료는 당연하게 생각했다. 생선조림이 먹고 싶다고 하면 그날 저녁
뚝딱 생선조림이 차려지고, 엄마가 끓여주는 오징어고추장찌개가 제일 맛있다고
하면 아빠가 오징어를 사 오고, 엄마 닭볶음탕이면 밥 두 그릇이라는 메시지에
닭볶음탕이 차려지는 식탁. 그것은 분명한 사랑이고 애정이었다. 어릴 때, 엄마가
식사 대용 알약이 있으면 좋겠다고 한 적이 있다. 속 좋게 "왜? 엄마 밥이 얼마나
맛있는데!" 그런 소릴 했던 기억이 난다. 예나 지금이나 먹는 데 전혀 취미가 없는
엄마가 먹는 게 귀찮아서 하는 소리인 줄 알았다. 그나마 다행인 건 하루에도
몇 번씩, "엄마 밥이 제일 맛있어!" 소리를 (철없이) 해왔다는 것이다. 수만 번쯤 한
그 말이 엄마한테 얼마큼의 위로가 되었을까. 위로였기는 할까. 아빠가 외식하자고
해도 집에서 먹자며 차리는 엄마를 보며 나는 그저 요리를 좋아해서, 가족과 먹는
게 즐거워서 그렇다고 생각했다. "오늘은 뭘 차리지?"라는 말은 요리의 기쁨을
상상하며 선택지를 헤아리는 줄 알았는데, 그건 아마 걱정이고 한탄이었을 테다.
내가 평생 누린 맛있는 기쁨을 엄마가 조금이라도 누렸으면… 하고 이제야 생각해
보는 것이다. 오늘은 엄마 대신 고민해 봐야지, 엄마한테 뭘 차려줄까? 엄마가 뭘
좋아했는지 하나씩 헤아리다 보니 왠지 모르게 맘이 시큰거린다.

어릴 때부터 아침밥을 먹지 않았다. 눈 뜨자마자 뭘 먹는 게 거북했다. 근데 내 위는 생각이 좀 달랐나 보다. 아침에 뭘 먹는 게 번거롭고 입맛이 없다는 마음과 달리 학교에 가면 2교시가 채 되기 전에 꼬르륵 소리가 났다. 매일 아침 그랬는데도 뭘 먹지 않은 데는 어리석게도 중학생 때까지 내 꼬르륵 소리는 나한테만 들린다고 생각했기 때문이다. 시험 날, 2교시에 수학 시험을 보았는데 배 속에서 천둥 치는 소리가 났다. 시험이 끝나고 답을 맞춰보는데 친구 한 명이 "주연이 배고팠지? 꼬르륵 소리 진짜 많이 나더라." 하기에, 그제야 내 꼬르륵 소리가 남한테도 들린다는 걸 알았다. 얼굴이 새빨개진 채 "그게 들렸어?" 하고 바보처럼 물은 기억이 난다. 그렇다고 해서 아침을 챙겨 먹었느냐 하면, 아니, 안 먹었다. 어릴 때부터 그렇게 살아왔는데 꼬르륵 소리 안 나게 하겠다고 갑자기 밥을 먹는 건 어려운 일이었다. 그러다 어른이 되고 나서야 좀 부끄러워졌다. 특히 회의 시간에 들리는 꼬르륵 소리는 웃음을 사거나 집중되기 십상이었기 때문에 그 상황만은 피하고 싶었다. 동료들이 창피할까 봐 못 들은 척해주는 건 더 고역이었다. 그즈음부터 아침밥을 먹기 시작했다. 제대로 차려진 밥상이라기보단 식빵 한 장을 반으로 갈라 토마토소스와 딸기잼을 발라 구워 먹는 간단한 식사였다. 그렇게 살아온 지 3년쯤 되었나? 여행을 가도 조식 챙기는 일이 없었는데, 빵 반쪽이라도 먹어 버릇하니 어느 날엔 '조식을 먹어볼까?' 하는 생각이 들었다. 호텔 조식이 여행에서 가장 설렌다던 친구가 있는데, 이참에 나도 그 설렘 한번 느껴볼까 싶었다. 일본 여행을 계획하고 호텔을 예약하면서 '조식 포함' 항목에 체크했다. 세상엔 나처럼 간단히 빵으로 아침 때우는 사람이 많은지 "서양식과 일본식이 있는데, 어떤 걸로 하시겠어요?" 하는 말을 듣게 됐다. 뭐든 고르는 게 너무 어려운 사람이기에 그 한마디를 앞에 두고 오래 주저했다. 일본어를 못 알아듣는다고 생각했는지 친절한 직원이 영어로 다시 한번 물어왔다. 머릿속이 바빴다. 간편하고 익숙한 스크램블드에그와 구운 빵이냐, 정갈하고 소박한 일본식 밥상이냐. 정하고 나니 그리 고민할 일이 아니었다는 걸 알게 됐다. 뷔페식이었기 때문에 셰프가 차려준 메인 메뉴 하나만 다를 뿐 서양식이든, 일본식이든 마음껏 갖다 먹을 수 있었다. 차라리 다행이다 싶었다. 뭘 고르는 게 대단히 곤혹스러운 사람이라 고민하지 않고 접시들을 가져오기 시작했다. 자그마한 종지에 담긴 음식들이니 양도 많아 보이지 않아 종류별로 담았다. 식탁에 앉지 않고 몇 번이나 접시를 나르고, 나르고, 또 날랐다. 그러다 보니 식탁이 꽉 차고 말았다. 아니, 잠깐만. 꽁치구이에 삼치조림에 훈제 연어, 지금 생선만 세 종류를 가져온 거야? 구운 빵이 종류별로 다섯 점, 파스타만 두 종류, 곤약조림에 감자샐러드에 낫토에 요거트에 수프에 미소 된장국에 음료만 세 개? 나 설마 위 네 개 가진 소야? 내 식탁을 보고 웃음이 났다. 건장한 남성 둘이 앉아 있는 식탁보다 많아 보였다. 아침 거하게 먹고 점심 거르면 되지, 하는 생각으로 양손을 걷어붙이고 하나씩 먹기 시작했다. 가져온 음식을 남기는 건 예의가 아니라고 생각했기에 하나씩 비워나갔다. 다행히 한 접시에 담긴 양이 많지는 않았다. 무엇보다 맛있어서 조식 시간 내내 앉아 찬찬히 먹으니 끝이 보였다. 배가 불러 먹지 못하고 남긴 빵과 요거트를 제외하고 깔끔하게 먹었다. 마지막으로 차 두 잔을 연거푸 비우고 나니 배가 빵빵해졌다. 나는 식탁에 잠시 엎드려 오늘 일정을 생각했다. '기차 타고 옆 동네에 가서, 널찍한 정원에서 책 좀 읽고, 저녁이 되기 전에 바다까지 보고 돌아와야지. 밥은 어느 타이밍에 먹지?' 인간은 어리석고 우습다. 배가 불러 널브러진 와중에도 밥 먹을 시간을 계산하고 있으니.

작은 부엌 안의 열쇠들

직접 요리를 해서 끼니를 해결한 지 몇 년 되지 않았다. 하지만 일단 그렇게 해 나가기 시작하자 부엌은 꽤나 중요한 공간이 되었다. 그곳엔 자연스럽게 나의 습관과 바람들, 생활의 흔적들이 쌓여 간다. 자주 드나드는 곳에 늘 삶의 힌트가 있는 법. 부엌 풍경 몇 가지를 이야기해 보고 싶다.

글·사진 전진우

조용한 설거지

깨끗이 닦여 차곡차곡 세워져 있는 식기 건조대의 그릇들은 나를 편안한 상태로 이끈다. 금방 비를 맞은 식물처럼 물방울이 맺힌 그릇들이 천천히 말라가는 시간. 저녁을 차려 먹고 나서 곧장 설거지를 해 두면, 잠들기 전 그리고 아침까지도 깨끗한 그릇들 옆을 지나다닐 수 있다. 내 걸음과 팔 움직임의 속도, 마음의 온화함이 식기 건조대 풍경에서 시작된다니. 나의 세상이 어떻게 구성되어 있는지 쉽게 짐작할 수 없다고 말하는 대목이 아닌가.

이전에도 설거지를 좋아하긴 했지만, 쌓아 뒀다가 한꺼번에 30분씩 하는 꼴이었다. 부모님의 도움을 받은 생활이 길어서인지, 내게는 이처럼 단단히 게으른 구석이 있었다. 혼자 먹은 그릇은 휙휙 닦아서 넣을 때가 더러 있긴 해도, 좁은 싱크대 안에 그릇과 냄비가 반 이상 찰 때면 막막한 기분이 들어 일단 그대로 놓고 돌아섰던 것이다. 이런 습관을 고치게 된 계기가 있다. 이슬아 작가의 산문 중 초벌 설거지하는 친구에 관한 이야기를 읽고 나서였다. 이야기 속 그 친구는 본격적인 세척 과정 이전에 수세미로 그릇에 묻은 기름때와 이물질을 한번 닦아 놓고서 그 이후에 세제를 묻혀 닦고, 물로 헹구는 식으로 설거지를 마쳤다. 이 과정이 특별하게 느껴지지 않는다면, 이 글을 읽는 당신은 이미 같은 방식으로 설거지를 하고 있거나 혹은 (이전의 나처럼) 많은 세제를 사용하며 정신없는 설거지를 하고 있을 것이다. 설거지하는 내내 물을 틀어 놓는 사람일 수도 있고 말이다(물론 자신이 원하는 방식으로 하면 된다).

초벌 설거지라는 개념을 알게 되고 그대로 따라 해보면서, 나는 조용한 설거지의 세계에 들어가게 되었다. 물소리에 나도 모르게 쫓기지 않고, 이미 반쯤 깨끗해진 그릇들을 천천히, 꼼꼼히 문지르는 기분을 알게

된 것이다. 별거 아닌 것 같은 과정 속에 내가 꿈꾸던 차분하고 고요한
생활의 열쇠가 하나 들어 있었다. 설거지하며 누군가와 이야기도
나누고, 음악도 들을 수 있다. '마음이 복잡하면 설거지.' 그것이 하나의
공식이라고 말할 정도로, 설거지는 점점 나에게 중요한 일이 되었다. 작은
명상이 되었다가 산책이 되기도 하고 따뜻한 목욕의 기분이 되기도 했다.
무엇보다 조용한 설거지의 장점은 어떤 행위를 차근차근 해 나갈 때
느낄 수 있는 자신감이다. 이 속도로, 이 기분으로 나아가면 못할 것이
없겠네, 하며 마음속으로 휘파람을 분다. 잘 정돈된 식기 건조대는 내가
세상 속에서 싸워 나갈 때 떠올리는 이미지 중 하나다.

나무 숟가락

내게는 오래전에 깎은 나무 도구들이 몇 개 있다. 그중에 머리 부분이 꽤나
큰 숟가락 하나는 어쩌다 보니 거의 모든 요리 과정에 사용된다. 재료가
담긴 팬을 불에 올리고 나면 언제나 나는 그 숟가락을 들고 있다. 요리가
완성된 후에도 접시 오른쪽엔 스테인리스 포크가, 왼쪽에는 요리에 쓰인
나무 숟가락이 또다시 놓인다. 꿀이나 요거트를 퍼서 옮길 때도 좋고 국물
요리를 먹을 때도 한 숟갈에 가득 먹을 수 있어서 좋다. 부드러운 곡선이
어떤 그릇이든 싹싹 잘 닦아내고 유리에 긁히는 소리도 나지 않는다.
용도를 정하지 않고 재미로 만든 숟가락이 모든 곳에서 유용하게 쓰인다.
작은 부엌의 중심이자 상징이 된 것이다. 이 대목 역시 나의 세상이 어떻게

구성되어 있는지 쉽게 짐작할 수 없다고 말하는⋯.

아이러니한 점은, 5년 전 만든 이 숟가락 이후에 또 다른 도구들을 만들지
않았다는 점이다. 목공 일을 계속하고 있으니 만들고자 하면 얼마든지
만들 수가 있다. 물건을 사용하며 이만큼 만족하는 일도 드문데 어째서
더 이상 늘리지 않는 것일까? 예전에 우리 집에 놀러 온 친구가 나 대신
요리를 하다가 달궈진 스테인리스 팬에 숟가락을 걸쳐 놓고 잠시 잊어서
손잡이 부분이 까맣게 그을렸다. 친구는 미안하다고 했지만, 어째서인지
그 흔적은 숟가락을 더욱 특별히 여기게 한 계기가 되었다. 안 그래도 직접
깎아서 세상에 하나뿐인 숟가락이었는데 더 이상 새로운 걸 깎지도 않고,
이런저런 추억들이 숟가락 위에 대책 없이 쌓이고 있다.

말린 껍질들과 채수 끓이기

직접 요리를 하다 보면 음식물 쓰레기가 참 많이 나온다. 당근 껍질, 양파나
배추의 밑동, 즙을 짜낸 레몬 껍질 등등. 젖은 쓰레기를 처리하는 방법이
저마다 있을 텐데, 나는 잘게 잘라서 바람이 잘 통하는 곳에 그대로 두고
말리는 편이다. 잘 말리고 나면 일반 쓰레기로 버린다. 혼자 살며 한두 끼
해 먹으니 가능한 일일 것이다.

음식물 쓰레기를 줄이는 새로운 방법을 얼마 전에 알게 되었는데,
이 과정은 조용한 시인의 행동처럼 아름다운 구석이 있는 것이었다. 앞서
말한 것처럼 재료를 다듬며 나오는 여러 부분들을 커다란 지퍼백에
그대로 구겨 넣고 냉동실에 넣어 둔다. 여기에는 마늘이나 양파의 껍질은
물론 자르고 난 대파 뿌리, 당근 밑동, 마늘 꼭지까지 상하지 않은 거의
모든 재료를 넣을 수 있다. 며칠이 지나 가득 찬 지퍼백 속 재료들을 커다란
냄비에 넣고 생강, 통후추, 월계수 잎, 허브, 소금 그리고 이 모두가 잠길
정도의 물을 넣고 대여섯 시간을 끓이는 것이다. 거름망을 통해 병에 옮겨
담은 채수는 나중에 다양한 요리에 사용할 수 있다.

그동안 내가 모아둔 채소 잔여물들도 이제 지퍼백 하나를 가득 채우고
있다. 다섯 시간 동안이나 뭉근하게 끓이는 동안 내 작은 부엌에 어떤
냄새가 퍼져 나갈까. 인터넷에서 찾을 수 있는 수많은 레시피로 그동안
여행지에서나 맛보던 요리를 집에서 해 먹을 수 있었다. '채수를 사용하는
요리.' 오늘은 새로운 검색어를 생각한다. 내가 살고 싶었던 삶은 늘 이런
식으로 호기심과 작은 아름다움을 좇는 것이었다. 늘 나에게 달렸다고
믿는다. 사람을 좋아할 땐 사람에게, 일을 좇을 땐 일 속에, 부엌에 자주
드나드는 동안에는 부엌 안에, 내가 원하는 것이 담겨 있을 것이다.

그렇게까지 맛있는 건 아님.

큼……그럼 한숟가 ─ 우하하하하프렌즈

시금치가 좋아

"넌 가장 최근에 감동받은 일이 뭐야?" 오랜만에 만난 친구가 물었다. 너무 오랜만에 만나서 할 말이 없었기 때문에 화젯거리를 찾아 던진 말이었다. 최근에 봤던 영화, 최근에 들었던 음악, 최근에 봤던 전시를 떠올리며 이야깃거리를 찾을지 말지 생각했다. 좋았던 영화, 좋았던 음악, 좋았던 전시는 많이 떠올렸는데 감동받았다고 말하기엔 쉽지 않았다. 왜 감동받은 것에 대한 이야기가 대신 좋고 나쁨에 대한 이야기가 그렇게 많이 떠올랐을까? 평론가라도 되어버린 걸까? 별거 아닌 질문에 머뭇거리는 나를 보고 친구는 대화가 단절되는 것을 우려한 듯이 말했다.

"에이…. 감동받은 일이 없나 보네. 없으면 됐어—."

"아니 있어, 시금치…!"

"시금치?"

난 문득 생각나는 것을 툭 던져 놓고 그 이유에 대해 고민하기 시작했다.

몹시 추운 날 아침, 집 앞 재래시장에서 시금치를 만났다. 붉은 흙이 묻은 상태로 커다란 소쿠리에 한 무더기 담겨 묻는지 자기가 어디서 왔는지 아직 모르는 것처럼 싱싱해 보였다. 재래시장에 가는 일도 별로 없고, 가서 무언가를 사 오는 일도 별로 없었지만 그날은 시금치를 사기 위해 주머니를 뒤적거렸다.

집 앞 재래시장은 서울에서 가장 오래되었다고 알려진 곳으로 새벽에 긴 한복판에 장을 펴고 아침 일찍 장을 닫는다. 노점에서 파는 장이라서 그런지 카드 결제는 되지 않고 계좌이체는 되는지 잘 모르겠지만, 아무튼 얼마 전 엄마한테 세뱃돈으로 받은 오만 원의 지갑에 있어 그 돈으로 시금치를 구입할 수 있었다. 오만 원 내면서 너무 조금 사긴 뭐해서 최소한으로 살 수 있는 것보다 몇천 원어치 더 샀는데도 성차하게 양이 많았다. 한 손 가득 시금치의 머리끄덩이를 잡고 집으로 돌아왔다. "아 놔 봐 놔 봐…." 시금치가 소리 질러 댈 것 같았다.

난데없이 시금치를 사게 된 이유는… 말 그대로 난데없이 산 거라서 정말 이유가 없지만, 그래서 정확한 이유를 말할 수는 없지만 시장에서 시금치가 나의 눈길을 끄는 지점이 있었기 때문이다. 그 많은 채소들 중에서도 도드라지는 생명력이 눈길을 끌었다. 마치 잡초를 뽑아놓고 갓처럼 아무 곳에나 올려놓은 이 풀 덩어리들은 마치 초록색과 파란색이 섞인 잉크가 뚝뚝 떨어질 것처럼 진한 색깔을 띠고 있었고, 잎사귀는 관리받지 않은 머리카락처럼 뻣뻣해 보였다. 깨끗하게 정리되어 랩에 싸인 식물, 나무에서 정리된 단정한 잎사귀들과는 달랐다. 이제야말해에서 이곳까지 오게 된 다른 식물들에게 "식물들아! 왜 다들 이렇게 풀 죽어 있어?"라고 말하며 혼자 시끄럽게 굴고 있었다. 시금치의 뿌리에서도 보라색 야생의 기운이 느껴졌다. 지금까지 시금치의 뿌리는 본 적이 없었던 거 같다. 어릴 때부터 내가 먹어본 시금치에는 뿌리가 없었고 그래서 뿌리는 상상해 보지 못했는데, 뿌리를 즐기기 위한 고들빼기 같은 식물들처럼 통통하고 굵은 뿌리를 지니고 있었다. 싱크대 위에 시금치들을 올려놓으니 싱크대 절반이 가득 찼다. 마치 시장에서 충동적으로 강아지를 사 온 사람처럼 시금치를 그대로 내버려두고 이제 어떻게 처치해야 할지 고민에 빠졌다. 유튜브를 켜고 시금치 요리법을 찾아보다가 곧 유튜브의 다른 영상으로 관심이 옮겨붙었고, 시금치는 그냥 싱크대 위에서 방치되었다. 그날 저녁인가, 시금치는 냉장고에 처박아 두었다.

그렇게 이삼 일이 지나니 나는 시금치를 잊고 지냈다. 그사이 영하권의 날씨가 이어졌고 주말이 되어 문득 베란다 문을 열었을 때 시금치가 다시 발견되었다. "안녕~" 어두운 노란 불빛 아래서 시금치는 밝게 인사했다. 좁고 추운 곳에 갇혀 있어 다소 피곤해 보였지만 여전히 밝아 보였다. 시금치 때문인지 감자와 양파 등 주변의 다른 음식들이 괜히 피곤해 보였다. 나중에 알아보니 원래 시금치는 생명력이 강해서 냉해도 잘 입지 않는다고 한다.

다시 유튜브를 켜고 유튜브에서 시키는 대로 따라 하기 시작했다. 시금치를 씻으세요, 시금치에는 흙이 많으니까 뿌리를 잘라내고 사이사이를 잘 헹궈 주세요. '그래서 시금치의 뿌리를 먹어보지 못했던 거군….' 하지만 나는 뿌리를 먹어보고 싶어 잘라내지 않았다. 대신 더 깨끗하게 입사귀 사이사이를 씻었다. 끓는 물에 시금치를 담그고 잠시 후에 꺼내어 맛을 보았다. 그리 오래 살지 않았는데도 시금치는 음식으로 변해 있었다. 오! 바야흐로 식물이 음식으로 변하는 순간이었던가? 시금치 색은 이전보다 더 진하게 변했고, 시금치를 끓인 물엔 초록색 염료가 넘어 초록빛을 띠었다. 방금 전까지만 해도 도심인 시금치는 결들여 우걱우걱 먹어 뿌리엔 조금도 쓴맛이 나지 않았다. 나는 빨리 제거하지 않은 탓인지 서니 번 작은 돌이 섞였다. 치우기 시작했다. 마치 소처럼…. 뿌리를 제거하지 않은 탓은지 서니 번 작은 돌이 섞였다.

참기름과 마늘을 넣기도 하고, 올리브 오일을 넣어 보기도 하고, 땅콩을 갈아 넣어 보기도 했다. 그래도 시금치는 끝나지 않아 나머지는 냉장고에 처박아 두었다.

지독했던 점심이었지만 그 후로 나는 시금치를 좋아하게 되었다. 시금치가 뿔미가 되었다거나 시금치의 대단한 맛을 알아버렸다거나 하는 것은 아니다. 해맑은 시금치를 한가득 쌓아 놓고 매일 삶아 먹고 싶은 건 더더욱 아니다. 내가 좋아하는 건 시금치의 부석부석한 머리 스타일과 누렇게 변하더라도 여전히 빳빳한 잎사귀다. 마치 철물점에서 파는 포대처럼 볽은색 노끈에 대강 묶여서 팔리는 그 모습이다. 모래 속에 얕게 묻고 사는 못생긴 물고기가 연상되는 시금치라는 이름도 좋아한다. 퉁퉁에 타루 하나 새기게 된다면 더벅머리 파란 시금치 하나 작게 그려 넣고 싶을 정도? 딱 그 정도도 시금치를 좋아하게 되었다.

그날이 시금치는 어딘가 감동적이었는데 그 이유는 잘 설명하지 못하겠다. 아름답지 않은 식물이 거친 풍파를 이기고 맛있는 음식이 되기까지의 여정이 감동이었다고 말하기엔 평범하지 않은가? 그렇게 이야기하기엔 너무 이사하 무언가를 더 떠올려야 했다. 파란색에 가까운 초록색과 냄비에 넘어 있던 연두색 물과 그것을 감싼 빨간 노끈 같은 것을 떠올렸다. 하지만 시금치에 대한 감동을 전할 방법이 없어 혼자서 생각했다. '무언가를 더 평가하고 설명하고 설명할 수 감동이라고 하는 게 아닐까? 나는 눈에 보이는 모든 것을 평가하고 설명하기 때문에 설명할 수 없는 것을 전하려고 했는지도 모르겠다.

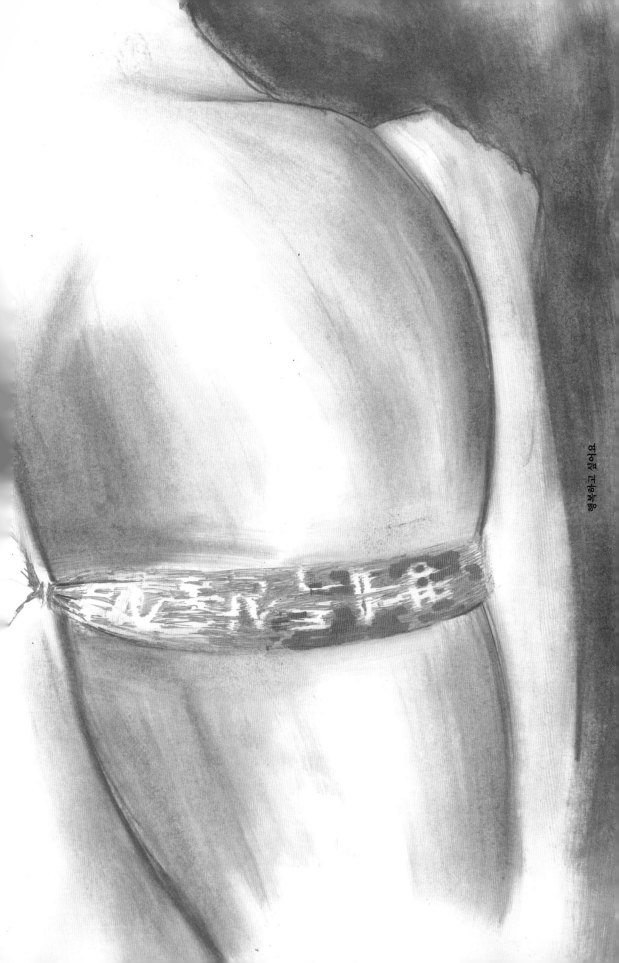

오늘은 또 뭘 먹나?

글 한수희
일러스트 규하나

인류 최대의 고민에 대한 해답을 찾기 위해 내 책장에 꽂힌 책 한 권을 꺼내 읽다 보니,
얼마 전에 본 켄 로치의 마지막 영화도 생각이 났다.

나의 가장 가까운 친구, 인스타그램이 요즘 나한테 많이
추천하는 콘텐츠는 셀프 인테리어와 배우 한소희 씨 그리고
요리다. 20년 셀프 인테리어 인생, 셀프라면 이제 정말
지긋지긋해서 '반찬 셀프'인 식당조차 싫어질 정도인데,
돈이 아까워 또 '그냥 내가 할까….'라고 생각하고 있는
나의 멍청함을 이렇게 간파하다니. 그걸로도 모자라
인스타그램은 내 이름과 가운데 글자 하나만 다르지만
나와는 한 점 닮은 데가 없다는 것이 참으로 애통한 미녀
배우 한소희 씨를 향한 내 동경의 마음과, '오늘은 또 뭘
해서 저것들을 먹여야 하나….' 하는 갑갑한 내 심경을
(내 남편보다) 더 잘 알아준다. 무서운 우정이다.
그러게, 오늘은 또 뭘 해서 저것들을 먹여야 할까. 원래
나는 요리를 싫어하지 않았다. 사실은 무척 좋아했다. 하루
종일 사지가 늘어지도록 일하고 집에 돌아와도 언제나
요리할 에너지는 남아 있었다. 요리를 하다 보면 없던
에너지가 솟을 정도였다. 무언가를 만드는 기쁨, 맛있는
음식을 먹게 될 거라는 기대, 잡생각은 할 틈이 없는
일사불란한 절차. 요리는 내 최고의 취미생활이었다.
그런데 요즘은 아니다. '오늘 뭐 먹지?'라는 생각만 하면
가슴이 답답하다. 오늘 저녁에는 커다란 나무 볼에 밥과
(명절에 먹고 남은) 나물을 넣어서 비벼서 온 가족이 밥그릇
하나씩 들고 둘러앉아 먹었다. 왠지 구걸한 밥을 나눠 먹는
거지 가족 같은 기분이 들었다. 아아, 이래도 괜찮은 걸까?
내일은 또 뭘 먹어야 하지?
죄책감과 답답한 마음을 해소하기 위해 명절 동안 읽은
박혜윤의 책 《오히려 최첨단 가족》의 한 구절을 옮겨
써본다.

집에서 우리가 먹는 것에는 어떤 이름도 없다.
호박전이나 호박나물이 아니라, 그냥 호박에 물을
조금 뿌려 열을 가해서 익혀 먹는다. 소금 간은
하기도 하고, 안 하기도 한다. 밥은 압력솥에 전부
현미밥으로 하는데, 하루 중 아무 때나 심심할 때
해 놓고 먹고 싶어지면 그냥 차갑거나 미지근한
상태로 먹는다. 백미는 식었을 때 맛이 없는데,
현미는 식은 맨밥을 꼭꼭 씹어 먹어도 괜찮다는 것을
차차 알게 되었기 때문이다. 이런 식으로 재료의
특성을 익혀 나가면 설거지할 것도, 상 차리고
치울 것도 없다. 물로 익히지 못하는 식재료나,
재료 준비를 위해 별도의 조리 도구가 필요하거나
물로 헹구는 정도 이상의 설거지가 필요한 식재료는
집에서 안 먹는다. 대표적인 것이 고기다.
너무 먹고 싶으면 주저 없이 나가서 사 먹으면
그만이다.
— 박혜윤, 《오히려 최첨단 가족》 중에서

이 가족의 끼니는 간단하다 못해 음… 좀 이상할 정도다.
아침은 어른이건 아이건 직접 만든 요거트를 알아서
꺼내 먹고 나간다. 점심은 미리 만들어 냉동해 둔 빵을
구워 먹는다. 저녁으로는 오븐에 구운 제철 채소를 그냥
먹고, 현미밥에 김이나 두부, 대충 만든 김치 같은 걸
올려 먹는다. 만약 다른 게 먹고 싶은 사람이 있다면
직접 요리해서 먹으면 된다. 이것 역시 어른이건 아이건
마찬가지다. 이 가족은 거의 매일 이렇게 먹고 산다고 한다.
이렇게 먹으면 끼니 때우기가 스트레스가 될 일이 없다는
것이 박혜윤의 주장이다. 설거지도 거의 나오지 않고, 장을

보러 갈 필요도 없다. 그리하여 집안일에 들이는 수고가 최소화된다. 하지만 이 작가는 집안일이 싫어서, 먹는 데 취미가 없어서 이렇게 사는 것이 아니다. 오히려 그는 맛있는 음식 먹는 걸 좋아하고, 하찮은 집안일이야말로 매 순간을 충실하게 살아갈 수 있는 가장 좋은 방법이라고 생각한다. 게다가 그들이 먹는 음식은 대부분 직접 시간과 품을 들여 만든 것들이다.

> 우리 가족은 밀을 갈아서 빵을 만들고,
> 콩을 불려 된장, 간장, 낫토를 직접 만들고,
> 요구르트와 과일잼도 만들고, 야생풀을 채취한다.
> 먹는 일에 오히려 너무 많은 노동이 투입되는 것이
> 아니냐고 할지도 모르겠다. 비법은 바로 집밥의
> 시스템을 만드는 데에 있다. 간단하게 말해서, 매일
> 반복할 수 있는 체계. 말 그대로 매일 똑같은 것을
> 먹는 것이다. "오늘 뭐 먹지?"라는 질문이 아예
> 성립되지 않게 말이다.
> ─《오히려 최첨단 가족》 중에서

"오늘 뭐 먹지?"라는 질문을 원천 차단하는 시스템이라니, 정말 '신박하다'. 하긴, 생각해 보면 매일 대단히 특별한 요리를 만들어 먹으며 사는 것도 아니고, 매 끼니 다른 음식을 먹고 싶은 것도 아니다. 여행을 가서 4박 5일쯤 매 끼니를 사 먹다 보면 맛도 맛이지만, 하루에 세 번씩 뭘 먹어야 할지 고민해야 하는 것이 생각보다 정말 귀찮다. 그냥 집에 가서 물 만 밥에 김치나 얹어 먹고 싶은 것이다. 그러고 보면 기쁨은 반복의 사이클에서 가끔 가다 선물처럼 떨어지는 특별함에서 오는 것 같다. '모처럼만의 외식'이라는 말, 그 말은 얼마나 낭만적인가.

> 우리 집밥은 시간에 얽매이지 않는다는 점이
> 핵심이다. 미리 아무 때나 내킬 때 만들어 놓고, 먹고
> 싶을 때 바로 먹는 것 말이다. 야채도 하루 중 심심한
> 시간에 씻어서 트레이에 깔아 오븐에 넣어 놓는다.
> 밥도 아무 때나 그렇게 생각날 때 지어 놓는다.
> ─《오히려 최첨단 가족》 중에서

가만 보자. 우리가 가장 열심히 집밥을 만들어 먹던 때는, 돈은 없고 시간은 넘쳐흐르던 시기였다. 그때는 아직 어린 아이들에게 좋은 것을 먹여야 한다는 책임감으로 불타오르기도 했다. 시간과 열정을 추진력 삼아 밤마다 빵을 반죽해 구웠다. 잼을 만들고, 보리차를 끓여 마셨다. 김치를 담그고, 감자탕을 끓이고, 치킨과 감자칩을 튀겼다. 커피콩까지 볶았다.

그러고 보니 요리가 곤혹스러운 과제가 되어버린 이유는 시간 때문인 것 같다. 나는 너무 바쁘다. 정말로 할 일이 많아서 바쁜 것 같기도 하고, 그저 마음만 바쁜 것 같기도 하다. 만약 매일매일 아무런 할 일이 없다면, 망망대해처럼 길고 긴 시간이 주어진다면, 그 시간을 제멋대로 써버릴 수 있다면, 의무도 책임도 없다면, 그러니까 내가 시간의 주인이 될 수 있다면, 그때는 나도 예전처럼 저울을 꺼내 밀가루를 계량하게 될까? 커피콩을 가스불 위에서 20분 동안 흔들고 있을까? 그럴지도 모르고, 아닐지도 모른다. 하지만 그런 일을 상상하는 것만으로도 숨통이 조금은 트이는 것 같다.

영화 〈나의 올드 오크〉(2023)의 배경은 영국 북부의 쇠락한 탄광 마을이다. 과거 이 마을에는 탄광이 있었고, 탄광 노동자들과 그들의 가족들로 번성했다. 하지만 지금 탄광은

문을 닫았다. 노동자들도 마을을 떠났다. 일자리 없는 마을은 을씨년스럽기만 하다. 불행은 마을 곳곳에 퍼져 있다.

어느 날 이 마을에 버스 한 대가 도착한다. 버스에 탄 낯선 이들은 시리아에서 온 난민이다. 목숨을 걸고 고국을 탈출해 이 먼 유럽 끝까지 온 것이다. 마을 사람들은 이들을 반기지 않는다. 우리도 먹고살기 힘들어 허덕이는데, 이교도들이 물을 흐리는 것으로도 모자라 우리 몫까지 빼앗아 갈 거라고 생각하니 불안하고 화가 난다. 마을 사람들은 난민들에 대한 적개심을 숨기지 못한다. 난민들과 마을 사람들의 관계 개선을 위해 펍 '올드 오크'의 주인과 젊은 시리아 여성은 오랫동안 닫혀 있던 홀에서 매일 무료 점심 식사를 제공하기로 한다. 가난한 마을 사람들의 집에는 제대로 된 음식이라 할 만한 것들이 없다. 부모들의 존재는 희미하고, 아이들은 게임이나 술, 마약에 찌들어 있다. 과자 한 봉지로 겨우 허기를 채우고 어지러워 수업을 듣지 못하는 아이들도 있다. 반대로 시리아 사람들의 집에는 빈궁하게나마 직접 만든 음식이 있고, 손님을 따뜻하게 대접하는 문화가 있다. 어른들과 아이들의 관계는 신뢰와 애정으로 끈끈하다. 이제 호혜는 시리아 사람들의 몫이 된다.

영국 노동 영화의 거장 켄 로치는 이 영화가 자신의 마지막 작품이라 선언했고, 그래서인지 그가 던지는 메시지는 더 단순하고 직선적이며 날카롭다. 그는 이렇게 질문한다. '이렇게 잘사는 나라에 왜 아직도 굶는 사람들이 있는가?' 영화를 보는 내내 평생을 바쳐 해결되기 원했던 과제를 끝내 미완으로 남겨두고 떠날 수밖에 없는 감독의 울분이 느껴진다. 켄 로치가 희망을 거는 것은 가진 것 없는 평범한 사람들, 그러니까 약자들의 저항과 연대다. 약자들이 손을 잡으려면 용기와 너그러움과 이해 그리고 연민의 마음이 필요하다. '올드 오크'의 주인이 가지고 있던 그 마음이.

박혜윤은 《도시인의 월든》이라는 책에서, 자신이 읽은 책 이야기를 들려준 적이 있다. 한 야생 먹거리 전문가가 실직을 하고 집 대출금도 내지 못해 쫓겨나게 된 친구를 찾아간다. 친구는 먹을 게 없어 내내 굶는데다 잔디 깎을 기력조차 없어 뒤뜰에는 잡초가 무성했다. 저자는 뒤뜰의 잡초들 중 먹을 수 있는 것들을 뜯어 친구와 함께 요리해 먹었다. 친구는 몇 달 만에 처음으로 돈 한 푼 들지 않은 풍요로운 식사를 했다고 했고, 이것이 힘이 되어 용기를 되찾았다. 시골에서 살면서부터 야생에서 블랙베리와 봄나물을 채취하고, 푸드뱅크에서 자원봉사를 하는 딸이 가져온 남은 음식을 요리해 먹고, 이웃이 준 멍든 과일을 고맙게 받게 되었다는 박혜윤은 이렇게 썼다. "풍요란 내가 나의 것을 축적하는 데에 있는 것이 아니라, 자연스럽게 나를 통해 들어오고 흘러나가는 그 흐름에 있다는 것을 알게 되었다."

문제는 완벽한 복지, 완벽한 평등이 아닌지도 모른다. 사실 완벽한 복지와 완벽한 평등이 가능이나 한 것인지, 완벽한 복지와 평등을 실현했다고 해서 세상이 정말로 천국이 될지 의심스럽다. 물론 우리는 완벽에 가까운 복지와 완벽에 가까운 평등을 이루기 위해 노력해야 한다. 하지만 그와 별개로, 꼭 돈을 지불해야만 생존할 수 있는 것은 아니라는 사실을 인지해야 한다. 돈을 주고 살 수 없는 것들을 귀하게 여기고, 그것을 적극적으로 활용해야 한다. 진정한 풍요란 재물을 쌓는 것이 아닌, 나를 통해 들어오고 흘러나가는 흐름에 있다는 것을 기억해야 한다. 가난한 이웃들을 위해 내 집의 문을 열어주고, 음식을 나누고, 품을 들이는 데 익숙해져야 한다. 그것이 바로 제도적인 복지와 평등이 미처 스며들지 못하는 틈을 촘촘히 채우는 온기일 것이다. 그런 세상이야말로, 부자든 가난한 이든 추락의 공포 없이 안심하고 살 수 있는 세상일지도 모른다.

손가락 터치 몇 번만으로 온갖 산해진미를 문 앞까지 배달받을 수 있는 이 편한 세상에, 집밥은 시대착오처럼 느껴진다. 하지만 외식비는 너무 비싸다. 그리고 조리해서 파는 음식은 지나치게 칼로리가 높고 자극적이다. 나에게 어떤 음식이 필요한지, 어느 정도로 먹을 때 가장 편안한 기분과 몸 상태를 유지할 수 있는지 알기 위해서는 내가 나를 먹일 필요가 있다. 귀한 것을 더 귀하게 음미하기 위하여 근사한 외식은 특별한 날로 미뤄둔다. 아주 간소한 식사로도 잘 먹고 잘 살 수 있다는 확신은 살아가는 데 큰 힘이 된다.

그래서 나는 계속 대충 차려서 대충 먹고 살기로 한다. 밥과 반찬 두어 가지면 더 욕심부리지 않으려 한다. 매일 간단한 저녁 식사를 만들어 먹을 수 있을 정도의 시간과 여력은 남겨 두기로 한다. 가족과 가사노동을 더 적극적으로 분담하기로 한다.

어쩌면 집밥을 먹겠다는 결심은, '더 많이, 더 빨리, 더 쉽게 가지세요.', '타인에 구애받지 말고 혼자만의 삶을 즐기세요.', '그러니 돈을 쓰세요.', '그러기 위해 열심히 돈을 버세요.'라고 끝도 없이 주문을 거는 이 자본주의 시스템에서, 우리만의 고요하고 작은 자리를 지키기 위한 노력의 하나일지도 모른다. 그러니 이제 냉장고를 열자. 그리고 지금 우리가 가진 것으로 어떻게든 잘나가 보자. 삶이란 그런 것이다.

어라운드 맛 지도
AROUND FOOD MAP

성산로

옥자

어라운드

도쿄수플레

연남동

조앤도슨

코메아벨렘

경의선
숲길공원

하나라멘

푸어링아웃

연희동칼국수 본점

소푸리콩나물국밥

연희동
국화빵

연희동

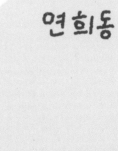

ⓒ세아추

어라운드의 점심시간

꼬르륵. 벌써 정오다! 우리가 자주 찾는 연남동, 연희동 맛집을 소개합니다.

도쿄수플레 | 발행인 송원준

팬케이크가 이렇게 고급스러운 음식이 될 수 있구나 느낀 곳이다.
과일과 소스 그리고 팬케이크의 조합과 맛이 인생 팬케이크로
뽑힐 만했다. 하지만 혼자 가기엔 매우 부담스러워서 애들
사준다는 핑계로 가보고 있다.

A. 서울 마포구 성미산로 161-11
O. 매일 11:00-21:00

소푸리콩나물국밥 | 편집장 김이경

연남동에서 연희동으로 막 넘어가는 큰길에 빨간 건물. 동네
주민분 따라 들어갔다가 이제는 단골이다. 제대로 된 가게 이름도
이번에 찾아보고 알았다. 들어간 재료가 별로 없는 듯한데 내
인생 최고의 콩나물국밥을 여기서 만났다.

A. 서울 서대문구 성산로 331
O. 매일 7:00-22:00

옥자 | 에디터 이명주

어느 누가 맛있는 쌀국수를 베트남이나 태국, 프랑스(도 있더라.)
에서 찾는다면, 그건 필시 연남동 옥자를 모르기 때문. 깔끔하고
시원한 국물에 부드러운 양짓살 가득 얹어 한입 먹으면, 그날부터
쌀국수는 우리나라 대표 음식이다.

A. 서울 마포구 성미산로29길 40-15
O. 월, 목-일요일 11:00-21:00, 화요일 11:00-15:00, 수요일 휴무

어라운드 | 에디터 차의진

치솟는 물가에 우리가 내린 선택은 도시락 싸 오기. 식탁에
옹기종기 모여 각자의 메뉴를 묻는다. 도시락이 궁금하기는
고양이들도 마찬가지. 아리는 식탁 한가운데 앉아 우리가 밥 먹는
모습을 지켜보곤 했는데, 오늘따라 더 보고 싶네, 그 친구!

A. 서울 마포구 동교로51길 27

조앤도슨 | 디자이너 양예슬

사무실 언저리에 조앤도슨이 있다는 건 아주 큰 행복이지.
뜨거운 김이 모락모락 나는 밀크티를 홀짝이며 말돈 소금Maldon
Salt을 찍은 프렌치토스트를 한 입 베어 물면 나는 잠시 고단한
걱정들로부터 도피되곤 한다.

A. 서울 마포구 동교로41길 31 지층
O. 매일 12:00-21:00

코메아벨렘 | 마케터 박하민

코메아벨렘은 에그타르트 맛집이다. 바삭한 겉을 뚫은
토실토실한 계란 속살. 거기에 시나몬 파우더까지 더하면 기절.
매거진팀 식구가 소개해준 에그타르트 맛집 1순위로 사랑하는
사람과 함께 가길 추천한다.

A. 서울 마포구 성미산로 198
O. 평일 12:30-21:00, 주말 13:00-21:00

연희동 국화빵 | 브랜드 프로젝트 디렉터 김진형

연희동 골목을 산책하다 보면 어느 한 편에서 연기가 모락모락
난다. 국화빵이 만들어지는 모습을 가만히 보고 있으면 저절로
마음이 편안해진다. 항상 내 선택은 무조건 팥 국화빵!

A. 서울 서대문구 연희맛로 17-21
O. 수-금요일 12:00-19:00, 주말 13:00-18:00, 월-화요일 휴무

푸어링아웃 | 브랜드 프로젝트 매니저 정현지

누군가 가장 좋아하는 카페 딱 하나만 추천해 달라고 하면,
주저없이 이곳으로 데리고 간다. 입구부터 마음을 편안히 만드는
인센스 향과 아늑한 공간에서 찬찬히 내려지는 커피. 나만의
안식처이자 비장의 무기다. 아, 특히나 좋은 건 네 발 달린
친구들이 자주 온다는 것!

A. 서울 서대문구 연희로11나길 7-7 반지층
O. 매일 10:00-22:00

하나라멘 | 브랜드 프로젝트 매니저 지정현

사바 쇼유 라멘도 맛있지만, 토리파이탄을 꼭 먹어보자. 무겁지
않은 국물에 닭 차슈도 푸짐하게 들어가 점심 한 끼로 충분하다.
그것도 부족한 나 같은 손님들을 위해 면이랑 밥도 무료로 준다.
무려 차슈도 한 점 얹어서!

A. 서울 마포구 동교로38길 27-4
O. 월-일요일 11:30-21:00, 목요일 휴무

연희동칼국수 본점 | 브랜드 프로젝트 매니저 정도원

뽀얗고 진한 국물 속 쫄깃한 칼국수를 후루룩. 반찬으로는 매콤한
김치와 달달하고 시원한 백김치 두 가지가 나오는데, 취향껏 먹는
재미가 있다. 오백 원 크기의 귀여운 공깃밥까지 시켜 말아 먹고
나면 어느새 몸과 마음에 따뜻한 기운이 가득하다.

A. 서울 서대문구 연희맛로 37
O. 화-일요일 11:00-21:00, 월요일 휴무

1년 정기구독

《AROUND》는 격월간지로 짝수 달에 발행됩니다. 정기구독을 신청하시면 어라운드 온라인 콘텐츠
이용권이 함께 제공됩니다.

《AROUND》 매거진(총 6권) & 온라인 콘텐츠 이용권
97,200원 / a-round.kr

AROUND NEWSLETTER

책에서 못다 한 이야기를 펼쳐 보입니다.
또 다른 콘텐츠로 교감하며 이야기를 넓혀볼게요.
홈페이지에서 뉴스레터를 구독해 주세요.

a-round.kr > Newsletter

Publisher

송원준 Song Wonjune

Editor in Chief

김이경 Kim Leekyeng

Editor

이명주 Lee Myeongju

차의진 Cha Uijin

Art Director

김이경 Kim Leekyeng

Senior Designer

양예슬 Yang Yeseul

Cover Design Guide

오혜진 O Hezin

Cover Image

Jackie Cole

Photographer

강현욱 Kang Hyunuk

김혜정 Keem Hyejung

임정현 Lim Junghyun

해란 Hae Ran

Project Editor

이주연(산책방) Lee Zuyeon

김건태 Kim Kuntae

배순탁 Bae Soontak

전진우 Jun Jinwoo

정다운 Jung Daun

한수희 Han Suhui

한승재 Han Seungjae

Illustrator

규하나 Kyuhana

렐리시 Relish

서수연 Seo Sooyeon

심규태 Sim Kyutae

세아추 Sea Choo

휘리 Wheelee

Marketer

박하민 Park Hamin

Copy Editor

기인선 Ki Inseon

Management Support

강상림 Kang Sanglim

Publishing

(주)어라운드

도서등록번호 제 2014-000186호

출판등록일 2009년 12월 5일

ISSN 2287-4216

창간 2012년 8월 20일

발행일 2024년 3월 29일

AROUND Inc.

서울시 마포구 동교로51길 27

27, Donggyoro 51-gil, Mapo-gu, Seoul, Korea

광고 문의 / 070 8650 6378

구독 문의 / 070 8650 6375

around@a-round.kr

a-round.kr

instagram.com/aroundmagazine

post.naver.com/pgbook2